Paul König

U 155 - Das erste Untersee-Frachtschiff

Paul König

U 155 - Das erste Untersee-Frachtschiff

ISBN/EAN: 9783954271139
Erscheinungsjahr: 2012
Erscheinungsort: Bremen, Deutschland

www.maritimepress.de | office@maritimepress.de

Bei diesem Titel handelt es sich um den Nachdruck eines historischen, lange vergriffenen Buches. Da elektronische Druckvorlagen für diese Titel nicht existieren, musste auf alte Vorlagen zurückgegriffen werden. Hieraus zwangsläufig resultierende Qualitätsverluste bitten wir zu entschuldigen.

Paul König

U 155 - Das erste Untersee-Frachtschiff

PAUL KÖNIG

Nach einer am 9. Juli 1916 in Baltimore genommenen Photographie

INHALT

[v]

„Zum Kämpfen und Streiten man rufet Euch nicht,
Zum friedlichen Handel führt Euch die Pflicht,
Glück auf denn! Gott mit Euch, er segne die Fahrt,
Seid wacker und mutig nach echt deutscher Art;
Dass wieder ihr kehrt in die Heimat zurück,
Ganz Deutschland Euch wünschet herzinniglich Glück!"

HEINRICH, PRINZ VON PREUSSEN.

HERRN KAPITÄN KÖNIG,
    dem Führer des ersten
      deutschen Handels-U-Bootes

ABBILDUNGEN

[vii]

Die Fahrt der Deutschland

VORWORT

Die Fahrt des Handels - Unterseebootes "Deutschland" hat lange genug die öffentliche Meinung der Alten und Neuen Welt in Spannung gehalten. Die wildesten Gerüchte über unsere Fahrt und unser Schicksal sind in einer ganzen Reihe von Zeitungen aufgetaucht, der schönen Phantasien gar nicht zu gedenken, in denen die Engländer soundso oft meldeten, dass wir gestrandet oder versenkt oder gar in Frachtkollis verpackt nach Amerika versandt seien. Wie haben wir uns auf See gefreut, wenn unser F.-Telegraphist wieder einmal so eine recht fette englische Ente aus der Luft aufgefangen hatte! Mit desto grösserem Vergnügen gehe ich jetzt daran, eine Schilderung von unserer märchenhaften Fahrt und ihren Abenteuern zu geben.

Ach, und sie war ja gar nicht so märchenhaft, diese Fahrt, das durfte sie eigentlich gar nicht sein. Auch den Abenteuern sind wir nach Möglichkeit recht weit aus dem Wege gegangen.

Man erwarte sich darum in diesem kleinen Buch keine Reihe von spannenden Erlebnissen, wie sie in den Schilderungen der Fahrten von Frontbooten stehen. Unsere Aufgabe war ja, möglichst glatt und ohne Zwischenfälle unsere wertvolle Fracht nach Amerika zu bringen, die englische Blockade zum besten zu haben und mit ebenso wertvoller Ladung wieder sicher zurückzukommen. Das haben wir erreicht, und das soll hier geschildert werden.

Wenn es schliesslich dabei doch nicht

immer so ganz glatt abgegangen ist, wenn es gelegentlich doch verteufelt "dicke Luft" gab und manches gar nicht sehr Programmässige passierte, so verdanken meine Leser diese kleinen spannenden Beigaben den liebenswürdigen Bemühungen der Engländer. Unsere Fahrt freilich haben sie trotz alledem nicht zu hindern vermocht, aber sie haben es doch dahin gebracht, dass die Schilderung der Fahrt wesentlich abwechslungsreicher und unterhaltender werden kann. Es wäre undankbar, das nicht auzuerkennen.

Einen besonderen Dank aber will ich hier noch meinen beiden Wachoffizieren, Krapohl und Eyring, aussprechen. Die Aufzeichnungen dieser beiden Herren ergänzten meine Darstellung in vielen Punkten. Man kann nicht immer auf dem Turm—fast hätte ich in alter Gewohnheit "Brücke" gesagt—stehen, und sechs Augen sehen mehr als zwei. Sehen muss man aber auf dem U-Boot vor allem. Eine ganze Reihe der hier erzählten Vorfälle entstammt den Beobachtungen meiner Offiziere. Wie sie auf der Fahrt meine getreuen, nie ermüdenden Gefährten waren, so sind sie auch für die Schilderung der Fahrt meine Mitarbeiter geworden. Darum danke ich ihnen noch mehr als den Engländern. Und meine Leser wohl auch.

DER VERFASSER.

DIE FAHRT DER DEUTSCHLAND

I

WIE WIR ZU "U-DEUTSCHLAND" KAMEN UND WIE "U-DEUTSCH-LAND" MICH BEKAM

Wie wir zu "U-Deutschland" kamen? Das wäre eine lange Geschichte. Die muss ich Berufeneren zu erzählen überlassen. Das Wichtigste davon ist in den Reden gesagt, die nach der Rückkehr der "Deutschland" im Bremer Rathaus das welthistorische Geschehnis feierten, und die man bei der Schilderung unseres Empfangs am Ende dieses Buches lesen wird.

Für mich ist der Gedanke, Unterwasser-Frachtschiffe für lange Fahrt zu bauen, der Ausdruck des Willens im deutschen Volke, die englische Blok-

1

kade unserer und Amerikas Küsten
sowie die völlige Absperrung unserer
rechtmässigen Handelszufuhr zu verei-
teln. Hanseatischer Unternehmungs-
geist, das technische Ingenium des
deutschen Schiffbaues und die Leis-
tungsfähigkeit einer unserer grössten
Werften haben sich vereint, um der
englischen Willkür zur See den grössten Schlag zu versetzen, seit der Union
Jack über den Wogen flattert.

Es lässt sich heute noch gar nicht
übersehen, welche Veränderungen und
Umwälzungen der Bau und Betrieb von
Unterwasser-Frachtschiffen zur Folge
haben wird. Es ist möglich, dass das
ganze Seekriegswesen sich umgestaltet,
dass neue völkerrechtliche Begriffe und
Bestimmungen geschaffen werden, und
dass damit Verschiebungen in den
Marktverhältnissen der Welt entstehen

werden, die das Leben der Völker einschneidender beeinflussen können, als selbst der gegenwärtige Weltkrieg es vermag. Es sieht aus, als stünde die Menschheit vor einer neuen Epoche ihrer Geschichte.

Wir können stolz darauf sein, dass es ein deutsches Boot war, das diese Epoche eingeleitet hat. Was will es dagegen besagen, dass kanadische Kriegsboote schon vor uns den Atlantik gekreuzt haben! Sie fuhren in Gesellschaft, fuhren stets ausgetaucht und in Begleitung von Torpedobooten, Kreuzern und Hilfschiffen; sie fuhren auch insofern unter anderen, günstigeren Bedingungen als ein Handels-Unterseeboot, da sie nur Proviant und Munition und ausser ihrer Bewaffnung keine tote Last hatten; vor allem aber konnten sie sich im Notfall verteidigen. Die einzige

Verteidigung des Unterwasser-Frachtschiffes aber besteht im Wegtauchen.
Und auch das kann man mit solch einem
grossen, fast zweitausend Tonnen fas-
senden Schiff nicht überall.

Ich sah mich also mit dem Auftrag,
"U-Deutschland" nach Amerika zu
bringen, vor eine ganz neue und eigenartige Aufgabe gestellt, die mir auch
neu gewesen wäre, wenn ich nicht ein
alter Lloyd-Kapitän und "dicker Dampfer"-Führer, sondern ein junger
Frontboot-Kommandant gewesen wäre.

Aber dafür muss ich noch erzählen,
wie "U-Deutschland" mich bekam.

Es ging recht schnell und überraschend dabei zu.

Ich war Mitte September 1915 in
Berlin, in irgendwelchen Geschäften.
Meine brave "Schleswig" hatte ich ja
schon lange verlassen müssen, aber der

Die Fahrt der Deutschland

Norddeutsche Lloyd wusste wohl um meinen Aufenthaltsort. Da finde ich eines Abends im Hotel eine Nachricht vor, die mich, so bald ich könne, zu einem Besuch im Adlon bei Herrn Lohmann aus Bremen aufforderte.

Ich war überrascht. Ich wusste wohl, wer der Chef des bekannten Bremer Hauses war, kannte Herrn Lohmann auch persönlich von früher her aus Sydney, wo das Haus die Agentur des Lloyd hatte.

Was wollte Herr Lohmann aber jetzt von mir, jetzt im Weltkriege, während die "deutsche Schifffahrt von allen Meeren gefegt" war, wie man täglich in englischen Zeitungen lesen konnte. Eine deutsche Linie nach den Straits und Australien liess sich zur Zeit nicht gut in Betrieb nehmen. Und in der Ostsee hatte die Firma doch keine Handels-

beziehungen! Was will man jetzt von
einem alten Ostasien-, Amerika- und
Mittelmeerfahrer?

So überlegte ich hin und her, während ich mich nach dem Adlon auf den
Weg machte.

Herr Lohmann begrüsste mich sehr
freundlich. Er machte nicht viel Umschweife; er erwähnte die schönen Tage
in Sydney, fragte mich, ob mir das stille
Herumsitzen an Land wohl behage und
ob ich nicht wieder auf "grosse Fahrt"
gehen wolle.

Was soll ein alter Handelskapitän da
viel sagen, der sein Schiff im halben
Feindesland hat verlassen müssen und
an Land wie ein Wrack herumliegt,
während vor dem Kanal und an den
Shetlands die verdammten englischen
Kreuzer lauern und vier Meilen von
New York selbst die amerikanische

Post von den neutralen Schiffen herun-
tergeholt wird . . . ?

Ich zuckte die Achseln und schwieg.

Da kam es heraus. Herr Lohmann
sagte mir geradezu, dass er sich mit dem
Gedanken trüge, eine Linie mit Unter-
wasser-Handelsschiffen nach Amerika
einzurichten, und fragte mich, ob ich
gewillt wäre, das erste Boot zu führen.
Die erste Fahrt sollte nach Newport-
News gehen. Ich hätte doch von meinen
Fahrten auf den Schiffen der Balti-
more-Linie des Norddeutschen Lloyd
her Kenntnis von den Gewässern und
Tiefenverhältnissen vor der Chesapeake-Bay; ob ich mich imstande
glaubte, solch ein Fracht-Unterseeboot
sicher über den Atlantik zu bringen,
wenn die Sache wirklich abkäme.

Das gab mir einen Riss.

Ich bin niemals ein Freund von langem Hinundherreden gewesen, und so sagte ich sofort "ja." Das war doch mal etwas, wo sich ein Kerl, der über fünfundvierzig Jahre alt war, in diesem Krieg der "schwarzen Listen" und des täglichen Postraubs noch betätigen konnte.

"Herr Lohmann," sagte ich, "wenn die Sache wirklich abkommt, dann haben Sie mich."

Und die "Sache kam wirklich ab."

Es waren noch keine zwei Monate vergangen, als mich ein Telegramm nach Bremen zu einer wichtigen Unterredung rief. Da sah ich denn auch Risse, Pläne, Skizzen und Konstruktionszeichnungen, dass mir fast die Augen übergingen. Und als ich dann nach weiteren vier Monaten, die ich wahrhaftig nicht ungenützt verstreichen liess, nach Kiel fuhr, da baute sich

drüben in Gaarden auf einer Helling
ein seltsames Stahlgebilde vor mir auf.
Rundlich, behäbig und ganz harmlos
lag es da und barg doch in seinem Innern all das Vielfältige, Überwälti-
gende, Komplizierte jener Zeichnungen
und Risse; ich kann nicht sagen, dass
die ausgeführte Wirklichkeit zunächst
etwas leichter verständlich und fassbar
gemacht hätte, was auf dem blauen
Papier mit dem unendlichen Netz von
Strichen und Linien Sinn und Auge be-
drückt und verwirrt hatte.

Meine Leser, die einmal in illustrier-
ten Blättern Aufnahmen vom Innern
der "Zentrale" oder des "Turms" eines
U-Bootes gesehen haben, werden das
verstehen; und wenn sie sich angesichts
dieses wilden Durcheinanders, Neben-
einanders, und Übereinanders von
Rädern, Ventilen, Schrauben, Hähnen,

Rohren und Röhrchen, angesichts dieser verwirrenden Anhäufung von He-
beln und Apparaten, deren jeder doch
seinen höchst wichtigen Zweck und
seine unerlässliche Bedeutung haben
muss, wie vor den Kopf geschlagen vor-
kamen, so mögen sie sich trösten: mir
ist es zunächst nicht anders ergangen.

Aber als dies Röhrenungetüm dann
getauft worden und mit seinem grau-
grünen Riesenleib in majestätischer
Ruhe ins Wasser geglitten war, da
wurde es zum Wasserfahrzeug, zu
einem Schiff, das regelrecht in seinem
Element schwamm, als wäre das immer
schon so gewesen.

Ich betrat zum erstenmal das schmale
Deck und stieg auf den Turm, auf seine
Navigationsplattform; von dort sah ich
herab und war überrascht: unter mir
erstreckte sich ein langes, schlankes

Fahrzeug mit graziösen Linien und fast zierlicher Form; nur an den Seiten, wo sich der grüne Leib so massig aus dem Wasser wölbte, konnte man ahnen, wie gewaltig der ganze Rumpf sein musste.

Mit stolzem Entzücken umfasste mein Blick das ganze Gebilde, das sich unter mir leise wiegte, Feinheit und Wucht sinnvoll vereinend.

Nun wusste ich: was mir zuvor wie eine Ausgeburt ausschweifender Technikerphantasie erschienen war, das war ein Schiff, mit dem es sich über See fahren liess, ein Schiff an das ein alter Seemann schon sein Herz hängen konnte.

Da legte ich meine Hand auf die Brüstung des Turmes von "U-Deutschland" und gelobte ihr Treue.

So bekam mich "U-Deutschland," so wurde ich Kommandant des ersten Unterwasser-Frachtschiffes.

II

ERPROBUNG UND AUSFAHRT

Nun kam eine seltsame und wunderbare Zeit, Tag für Tag ging es hinaus in die Buchten, hinab in die Tiefe. Wir übten bei jedem Wetter und bei jeder Gelegenheit. Jeder Mann der auserwählten Besatzung war sich bewusst, welche Aufgabe wir hatten.

Es galt, die Fähigkeit zu erwerben, das feinste und komplizierteste Fahrzeug zu lenken, das letzte Erzeugnis raffinierter und kühner Berechnungen; es galt, das ausgeklügeltste Wunderwerk moderner Schiffbaukunst, ein Unterseeboot, kennen und beherrschen zu lernen. Wir mussten imstande sein, der schweren Masse von nahezu zweitausend Tonnen unseren Willen aufzuzwingen, dass sie dem geringsten Druck der Ruder gehorchte, dass sie drehte und manövrierte wie ein Torpedoboot, dass sie im Wasser stieg und sank wie ein Lenkballon in der Luft.

Es galt, die Zuverlässigkeit des ungefügen Stahlkörpers zu erforschen, die Wucht und die Lenksamkeit seiner gewaltigen Maschinen zu erproben, seinen Unvollkommenheiten oder Tücken auf die Spur zu kommen, ihm die Geheimnisse seiner Beweglichkeit und seiner phantastischen Fischnatur zu entlocken.

Ein Unterseeboot ist launisch wie eine Frau und verletzlich wie ein Rennpferd; es ist bieder wie ein Trampdampfer und zuverlässig wie ein Schlepper; es kann gute Eigenschaften haben und ——nicht gute; es kann lenkbar sein wie eine Rennyacht und bocken wie ein Karrengaul, und es gehorcht nur dem, der es bis in seine letzten technischen Einzelheiten kennt.

So trieben wir uns wochenlang draussen auf dem und unter dem Wasser herum, studierten unser Boot, suchten uns mit all seinen Möglichkeiten vertraut zu machen und in die Eigenart dieses nautischen Amphibiums einzudringen.

Und wenn wir dann aus der Stille der Buchten zurückgekehrt waren in den schmetternden Lärm der Niethämmer und in das rastlose Dröhnen der Werft, dann sassen wir stundenlang mit den Konstrukteuren zusammen und tauschten Erfahrungen aus. Aus der erprobten Wirklichkeit ergab sich so manche Anregung und Unterlage für neue Pläne und neues Schaffen.

Ich kann kaum hoch genug schätzen,

wie viel ich dem Zusammenarbeiten mit den Herren der Werft verdanke. Unermüdlich waren sie uns behilflich, das wunderbare Erzeugnis ihrer geistigen Arbeit auf all seine Eigenheiten zu erproben, und noch am Tage unserer Abfahrt war der geniale Konstrukteur des Bootes, Oberingenieur Erbach, nach unserem Ankerplatz hinausgefahren, um einen letzten Tauchversuch mitzumachen.

So war der Tag der Abfahrt herangekommen.

"U-Deutschland" war beladen worden, die wertvolle Ladung lag wohlverstaut in den Räumen, das ganze Boot war noch einmal überholt und in sorgfältigsten Trimm gebracht worden. Wir fassten Proviant für die lange Reise, und zuletzt kamen noch Zigarren und — Grammaphonplatten an Bord.

Damit waren für uns alle möglichen Genüsse sicher gestellt, und "U-Deutschland" war fahrbereit.

Auch wir waren bereit. Das Abschiednehmen von allen Lieben in der Heimat lag Gott sei Dank hinter uns; es ist bei solch einer Fahrt ins Ungewisse immer ein böser Augenblick, der am besten rasch überwunden wird. Als letzte schütteln uns die Männer der Germania-Werft die Hand. Dann wird der Laufsteg eingezogen, ich lasse die Mannschaft auf ihre Stationen treten und steige auf den Turm. Der Schlepper liegt schon neben uns und nimmt die Trosse über; ich rufe in die Zentrale "Achtung!" und hebe die Hand: Der grosse Augenblick ist da.

"Los die Achterleinen!" —

"Sind los!"

" 'Charlotte' abschleppen!" —

PAUL KÖNIG

Nach einer vor dem Krieg in Bremen hergestellten Photographie

DIE "DEUTSCHLAND" IN DER CHESAPEAKE BAI AUF DER FAHRT NACH BALTIMORE

Die Fahrt der Deutschland

Der Maschinentelegraph auf dem dicken kleinen Schlepper klingelt, das stämmige Fahrzeug strammt die Trosse und zieht langsam das Heck unserer "Deutschland" von ihrem Liegeplatz an der Werft.

"Los die Bugleinen!" —

"Sind los!"

Und klatschend sausen die letzten Haltetaue von der Piermauer in das schmutzige aufgewühlte Hafenwasser.

Jetzt kommen wir dran. Ich nehme den Sprachschlauch nach der Zentrale:

"Backbordmaschine halbe Kraft zurück!"

"Steuerbordmaschine langsam voraus!"

"Ruder zwanzig steuerbord!" —

"Ruder liegt zwanzig steuerbord!"

Auch die Antworten aus dem Maschinenraum kommen prompt herauf.

Die Fahrt der Deutschland

Auf dem Turm, wo ich neben dem Rudergänger vor seinem kleinen Handrad stehe, merkt man kaum das Angehen der E.-Motoren. Nur an dem Schraubenwasser, das wirbelnd und schmutzig an Backbord um den runden Leib der "Deutschland" aufquillt, an Steuerbord schnell achteraus getrieben wird, erkenne ich, dass die Maschinen in Gang sind. Langsam dreht sich der grosse grüne Walfischrücken, liegt erst quer zum Fahrwasser, geht nach Backbord etwas vorwärts, bleibt liegen und schiebt sich mit Schlepperhilfe noch einmal über Steuerbord nach achtern.

"Beide Maschinen stopp!"

Langsam geht das Boot noch etwas rückwärts, in der Wucht des Zurückgleitens an der Schlepptrosse zerrend, wie ein schweres Urweltungeheuer.

Die Fahrt der Deutschland

Ein rascher Blick vom Turm auf Fahrwasser und Piermauer:

Wir haben genug Manövrieraum.

Ich lasse die Schlepptrosse loswerfen und beide Maschinen zunächst halbe Fahrt mit Backbordruder vorausgehen; wir drehen noch, kommen von der Werftmauer, wo ein grosses graues Frontboot seine letzte Ausrüstung erhält, gut klar, dann lasse ich das Ruder mittschiffs legen und befehle, beide Maschinen "äusserste Kraft voraus."

Das Achterschiff beginnt in rhythmischen Vibrationen unter dem vermehrten Maschinendruck zu erzittern, schaumig flutet das Schraubenwasser ab, wir kommen in Fahrt, und immer schneller schiebt sich die "Deutschland" durch das schmutzige Hafenwasser hin aus der Bucht. Die Fahrt geht zunächst durch den Kaiser-Wilhelm-Kanal zur Weser, wo die Ladung komplettiert wird. Die Schiffspapiere und Kurierpost bringen die Herren der Reederei mit einem besonderen Schlepper an Bord, und ohne jedes Aufheben, still und ohne der Welt bekannt zu werden, tritt die "Deutschland," das erste Handels-Tauchschiff der Welt, für das es keine Blockade gibt, seine denkwürdige Reise an nach Amerika zu, hinaus auf die hohe See, der Freiheit der Meere zu.

III

DER ERSTE TAG IN SEE

In langer Dünung rollt uns die Nordsee entgegen; das Wetter ist klar, und der Wind weht steif aus NNW. Ich stehe allein mit meinem ersten Wachoffizier auf dem Turm, in der "Badewanne." So haben wir die feste Schutzwand getauft, die sich oben auf der Navigationsplattform in fein geschwungener Linie rings um das Turmluk herumzieht und wie eine Art Fliegergondel aussieht. Vor ihr befindet sich der obere Steuerstand, der aber nur bei gutem Wetter benutzt werden kann.

Heute stehen wir in Ölzeug hinter dem Schutz, denn die See ist gerade bewegt genug, um schon alles zu durchnässen. Das Deck ist ständig überspült, und alle Augenblicke klatscht es an den Turm. In der Hand das Sprachrohr nach der Zentrale, wo der Rudergänger die Befehle durch den Telegraph in die Maschine schnarren lässt, lauert man: Ein dumpfes Bumsen, der Bug taucht ein, schäumend poltert es über das Deck und zischt am Turm hoch; dann gilt es in Gedankenschnelle das Turmluk zuzuwerfen und sich im knisternden Ölzeug hinter die Schutzwand zu ducken ... diese Turnübung wiederholt sich alle paar Minuten.

Dazwischen steht man, hört den Wind in den Stagen der Masten sausen und blickt in die Runde. Seit einiger Zeit schon ist die deutsche Küste im Südosten hinter uns ausser Sicht gekommen, und das begleitende Torpedoboot, das vor uns fährt, ist das letzte Stückchen Heimat.

Die Fahrt der Deutschland

Bald nähern wir uns der äussersten deutschen Vorpostenkette; vier Bewachungsfahrzeuge fahren an uns in Kiellinie vorbei und heissen das Signal: "Glückliche Reise." Unser treuer Begleiter kommt nun näher herangeschossen; seine Mannschaft bringt drei kräftige Hurras auf uns aus, die Offiziere auf der Brücke legen grüssend die Hand an die Mütze, und wir zwei einsamen Männer auf dem Turm grüssen zurück; dann duckt sich das schwarze Boot in eine See, macht eine prächtige Wendung, dreht mit wirbelndem Kielwasser ab, wird kleiner und kleiner und verschwindet bald mit wehender Rauchfahne.

Wir sind uns nun selbst überlassen und fahren ins Ungewisse.

Ich lasse uns nicht viel Zeit, darüber nachzudenken. Von allen Seiten droht uns jetzt Gefahr und ich muss Gewissheit haben, dass das Boot im besten Trimm ist, dass ich es mit Maschinen und Tauchvorrichtungen fest in der Hand halte.

Ich gebe das Kommando "Klar machen zum Prüfungstauchen!"

Sofort kommen die Meldungen von Turm und Zentrale zurück, und die Leute eilen auf ihre Tauchstationen. Noch hämmern die Ölmotoren in ihrem wilden Takt; dann lasse ich die Alarmglocke schrillen und springe in den Turm; das Turmluk wird geschlossen, zugleich schweigen die Ölmotoren.

Einen Augenblick empfindet man einen leichten Druck in den Ohren; wir sind abgesperrt nach aussen, und es wird still.

Aber es ist keine wirkliche Stille; es ist nur der Wechsel.

Denn das Kommando ertönt: "Tauch-
klappen auf!" "Fluten!"

Was nun kommt, ist so seltsam ein-
drucksvoll, dass man es nicht mehr ver-
gessen kann, wenn man es einmal erlebt
hat.

Die Tauchventile werden aufgerissen,
und mit einem Zischen weicht die gepresste Luft aus den Tanks. Zugleich
erhebt sich ein gigantisches stossweises
Pusten, wie ein urweltliches Schnauben
und Blasen, das man fast schmerzhaft
in den Ohren drücken fühlt; dann wird
das Geräusch gleichmässiger, aber es
kommt jetzt ein hohes Summen und
pfeifendes Schwirren hinzu: alle hohen
Töne der Maschinerie in der Zentrale
vereinen sich und vollführen einen verwirrenden Lärm; es ist wie ein irrsin-
niger, diabolischer Singsang, der nach
dem dunkeln schweren Hämmern der

Ölmoteren doch fast wie eine Stille empfunden wird, nur eindringlicher und aufreizender. Das durchdringende Surren in den vielen Ventilen verkündet, dass der Tauchmechanismus im Gange ist. Er summt und singt ganze Tonleitern herunter, und bei diesen langsam abnehmenden und tiefer werdenden Tönen hat man geradezu das körperliche Gefühl von dem Einströmen und Fluten gewaltiger Wassermassen; man glaubt mit dem Boote schwerer zu werden und zu sinken, auch wenn man nicht durch die Turmfenster und im Sehrohr erkennen könnte, wie droben das Vorschiff eintaucht, wie das Geländer schäumend in die Wogen schneidet und das Wasser am Turm immer höher spült, bis draussen alles in das zauberhafte Zwielicht der Tiefe gehüllt ist. Nur unsere treuen Lampen leuchten, und es ist jetzt wirklich still geworden. Man hört nur den leise bebenden Rhythmus der E.-Maschinen.

Nun kommt das Kommando:

"Auf zwanzig Meter gehen!"

"Beide Maschinen halbe Kraft voraus!"

Auf dem Manometer kann ich unser Tiefergehen verfolgen. Durch das Fluten haben wir unserem Boot einige Tonnen Untertrieb gegeben — haben wir den abgeschlossenen Schiffskörper schwerer gemacht als die von ihm verdrängte Wassermenge — und unser Riesenfisch sinkt also in seinem Element nach unten, fällt gewissermassen. Zugleich fahren wir aber auch mit den E.-Maschinen, und die vorwärtstreibende Schraubenkraft bringt Druck und Wirkung auf die Tiefenruder und macht aus dem Versinken ein Abwärtsgleiten. Ist nun die befohlene Tiefe erreicht, was ich sofort von dem Tiefenmanometer ablesen kann, so wird ein weiteres Fallen einfach dadurch gehemmt, dass das Boot wieder leichter gemacht wird durch Auspumpen der zu grossen Wassermenge in den Tauchtanks. Das wütende Brummen der Lenzpumpe ist denn auch immer das Zeichen, dass wir uns der zu steuernden Tiefe nähern. Dann hört es auf, nur die E.-Motoren summen weiter, und aus der Zentrale kommt die Meldung:

"Zwanzig Meter liegt,

Boot ist eingesteuert!"

Wir fahren in zwanzig Meter Tiefe. Dabei sind wir freilich blind und können uns nur nach dem Tiefenmanometer und dem sorgfältig gehüteten Kleinod des Bootes, dem Kreiselkompass, richten. Nach aussen dringt von uns kein Schein mehr; das Sehrohr ist längst eingefahren, und auch die stählernen Sicherheitsklappen an den Turmfenstern sind geschlossen; wir sind völlig zum Fisch geworden.

Nun kommen die Meldungen aus allen acht Räumen: Zentrale, Maschinenraum, Heckraum, Bugraum, Laderäume, Akkumulatorenräume, alles dicht. Wir können mit der "Deutschland" sicher in der Tiefe fahren.

Nicht immer aber ist solch grosses Boot so einfach auf eine bestimmte Tiefe zu steuern. Die Änderungen des spezifischen Gewichts des Wassers infolge von wechselnder Wassertemperatur öder verschiedenem Salzgehalt spielen dabei eine bedeutsame Rolle. Wie ausschlaggebend das sein kann, will ich an dem Unterschied zwischen Ostseewasser und Nordseewasser zeigen. Die spezifischen Gewichte der beiden Meeresteile verhalten sich wie 1,013 zu 1,025; an sich erscheint also der Unterschied verschwindend gering. Bei einem Boot aber von der Grösse der "Deutschland", das zum Tauchen schon eines ganz erheblichen Untertriebes von mehreren Tons bedarf, kommen dabei ganz gewaltige Gewichte heraus: um in dem dichteren Wasser der Nordsee tauchen zu können, müssen wir unser Boot um mindestens siebzehn Tonnen schwerer machen als in der Ostsee, sonst kommen wir nicht hinunter. Auch bei plötzlich sich ändernder Wassertemperatur in Buchten und Flussmündungen, wo ausserdem noch das leichtere Süsswasser hinzukommt, kann es die unangenehmsten Überraschungen geben. Mancher U-Boots-Kommandant hat geglaubt, mit einem bestimmten Untertrieb gerade unter Wasser zu kommen und sein Fahrzeug in einer bestimmten Tiefe halten zu können. Plötzlich aber geht das Manometer auf grössere Tiefe, und das Boot fällt im Wasser wie ein Flugzeug, das in ein Luftloch geraten ist, bis eine Prüfung des spezifischen Gewichts und der Temperatur des Wassers den Grund für sein Verhalten angibt. Man sieht also, erst solche Messungen geben dem U-Boots-Führer die Gewissheit, glatt in die Tiefe zu kommen und wieder auftauchen zu können.

Wir haben inzwischen unser Prüfungstauchen zu meiner Zufriedenheit beendet. Alles ist sicher und funktioniert. Wir haben unseren komplizierten Apparat fest in der Hand.

Ich gebe nun den Befehl zum Auftauchen; die Tiefenruder werden nach "oben" gelegt und alsbald kann ich ihre und die Wirkung unserer wackeren Lenzpumpe am Manometer verfolgen. Nachdem ich mich versichert habe, dass in weitem Umkreise keine Schraubengeräusche zu hören sind und kein kollisionsgefährlicher Dampfer in der Nähe ist, überwinden wir den gefährlichen "blinden Moment". Es ist das der Zeitraum, in dem das Boot schon so hoch gestiegen ist, dass es gerammt werden könnte; andererseits fährt man noch zu tief unter Wasser, um mit dem Sehrohr über die Oberfläche zu kommen und Umschau halten zu können.

Das dauert eine kurze Weile; ich stehe am Sehrohr und lauere; schon wird das Gesichtsfeld heller, silberne Luftperlen steigen flimmernd auf, ein Rieseln und Blinken geht über das Glas, dann ist es Tag, ein Bild er-

DER AMERIKANISCHE LEITER DER DEUTSCHEN OZEAN-REEDEREI BEWILLKOMMNET KAPITÄN KÖNIG BEI SEINER ANKUNFT AN DER QUARANTÄNE IN BALTIMORE.

GRUPPE FÜR DIE ERSTE AMERIKANISCHE PHOTOGRAPHIE

Ein Teil der Mannschaft der "Deutschland" auf der Fahrt in der Chesapeake Bai.

scheint, klar und leuchtend wogt die
Nordsee vor mir mit leerem unendlichen Horizont.

Nun lasse ich ganz auftauchen; durch
die Ruderlage schiebt sich das Boot immer mehr an die Oberfläche, und um das
Auftauchen zu beschleunigen wird
Pressluft auf einen Tauchtank gegeben.
Jetzt geht es sehr schnell; der Turm ist
schon frei; das Deck hebt sich triefend
aus dem Wasser, das Turmluk wird geöffnet, frische Luft strömt ein, und ich
gebe das Kommando:

"Ausblasen mit Gebläse!"

Ein wildes Heulen und Surren in der
Zentrale antwortet, während das kräftige Turbogebläse das Wasser aus den
Tauchtanks presst. Das dauert gar
nicht lange; sobald ein Tank leer ist,
kommt die durchgeblasene Luft mit
glucksendem Geräusch an den Seiten

des Bootes hoch, und rasch sind wir wieder in normaler Schwimmlage.

Wir fahren noch immer elektrisch. — Nun kommt als letztes das Anwerfen der schweren Dieselmotoren durch die E.-Maschinen. Ich bin schon auf den Turm gestiegen und merke davon nichts ausser den Meldungen aus der Zentrale. Wer aber im Maschinenraum steht kann noch ein spannendes Schauspiel geniessen.

Die Wachmaschinisten stehen auf ihren Posten, ein Kommando kommt durch das Sprachrohr, alles ist gespannt; dann gibt der leitende Ingenieur einen gellenden Pfiff ab, hebt eine Hand, ein paar schnelle Griffe am Schaltbrett im Elektromotorenraum ein paar blendende zentimeterlange Blitze: die ersten Ventilköpfe heben sich zögernd, langsam, wie unwillig, dann

[34]

schneller, ein wildes Knallen und Zischen, ein unregelmässiges wütendes Fauchen, dann werden die rasenden Explosionen rhythmisch, und immer schneller nehmen beide Maschinen ihren gleichmässigen Hammertakt auf.

Das Prüfungstauchen ist beendet, und stampfend zieht "U-Deutschland" ihres Weges. Der Wind flaut nicht ab, aber es bleibt schönes Wetter, und die Sichtigkeit ist gut. Kein Dampfer kommt in Sicht: Wir können ruhig weiter aufgetaucht fahren. Freilich haben wir daneben noch besondere Gründe, mit der genauesten Vorsicht und Sorgfalt zu navigieren. So geht der Tag zu Ende.

Aber als die Sonne sinkt, geht sie in düster drohendem Gewölk unter, für den nächsten Tag schlechtes Wetter prophezeiend.

[35]

IV

DIE U-BOOT-FALLE

So kam es denn auch. Je weiter wir uns vom Land entfernen, desto gröber wird die See, und das Boot wird schon ordentlich umhergeworfen. Ich merke den Seegang auch schon beim Liegen in meiner Koje. Gegen zwei Uhr morgens weckt mich ein "Huijo" aus dem Sprachrohr neben meinem Kopf an der Wand. Der wachthabende Zweite Offizier Eyring meldet mir ein weisses Licht an Steuerbord, das sich rapid nähert. Ich springe heraus, balanciere mit ums Eck in die Zentrale, über die Leitern durch das Turmluk hinauf auf die Plattform.

Eyring zeigte mir in nicht allzu grosser Entfernung voraus ein weisses

Licht. Es scheint sich zu nähern. Wir wollen es nicht weiter darauf ankommen lassen, geben Alarm und tauchen. Dabei kommt zum erstenmal das wunderbare Gefühl der verblüffenden Sicherheit über mich, das einem die Möglichkeit solch raschen Tauchens gibt.

Es ist alles wie selbstverständlich. Da fährt man mitten im Weltkrieg mit einem unbewaffneten Frachtboot seines Weges in dunkler Nacht. Ein Licht naht sich, es kann ein Feind sein, wahrscheinlich ist es einer. In ein paar Minuten können ein paar Schüsse aufblitzen, einige Granaten zerschmettern unseren Turm, in den Druckkörper stürzen die Wasser, und nach kurzer Zeit schliesst die Nordsee über uns. . . .

Nichts von alledem geschieht. Ein kurzes Kommando in die Zentrale, ein paar Griffe an Ventilen und Hand-

rädern und ungefährdet ziehen wir weiter unseres Weges, den uns brutale Gewalt wohl auf der Meeresoberfläche
sperren kann, aber nur, um uns ein paar
Meter tiefer ohnmächtig passieren lassen zu müssen.

Wir fahren der Sicherheit wegen getaucht weiter und bleiben bis zum Tag-
werden unter Wasser. Gegen vier Uhr
tauchen wir auf. Es ist schon heller
Tag, aber leider auch eine See, die schon
mächtig ungemütlich wird. In der
Ferne sehen wir ein paar Fischerboote,
die mühsam ihrem Gewerbe nachgehen.
Wir behalten sie anfänglich scharf im
Auge, stellen aber rasch ihren harmlosen Charakter fest und fahren über
Wasser weiter.

Das ist nun kein Vergnügen mehr.
Die Bewegungen des Bootes werden
schon so, dass sich der Aufenthalt in

den abgeschlossenen, nur durch die Ventilationsmaschine gelüfteten Räumen in Kopf und Magen der Leute geltend macht; ein Teil der Mannschaft verzichtet schon auf das Essen. Dabei ist es unmöglich, sich noch auf dem Deck aufzuhalten, das dauernd von den Seen überspült ist. Etwas trockener ist es auf dem Turm hinter der Schutzwand der "Badewanne" und im Lee des Turms, an der see- und windgeschützten Seite. Da drängen sich noch ein paar Leute der Freiwache zusammen, halten sich am Geländer fest, schnappen frische Luft und schütteln sich, wenn so ein ganz zudringlicher Brecher hartnäckig um den Turm herumleckt und sie mit seiner salzigen Flut überschüttet.

So fahren wir den ganzen Tag weiter. Ein paar Dampfern, deren Rauchwol-

ken in der Ferne auftauchen, weichen
wir über Wasser durch Kursänderung
aus, nachdem wir uns durch vorsichti-
ges Peilen und genaue Beobachtung von
Zeit zu Zeit klar geworden waren, welchen Kurs sie führen. Es hört sich das
schwieriger an, als es ist. Man weiss ja
zunächst den eigenen Schiffsort, nach
dem man durch Peilung und Schätzung
den Schiffsort des fremden Seglers auf
der Karte annähernd feststellen kann.
Vergleicht man nun beides mit den in
der Karte eingezeichneten wichtigsten
Dampferrouten, dann weiss man schon
mit einiger Sicherheit, welchen Kurs
der fremde Dampfer fahren muss.

Eine solche Schätzung sollte uns bald
darauf von Wichtigkeit werden und ist
in diesem Fall, wie man sehen wird, gewissermassen von dokumentarischer
Bedeutung.

Die Fahrt der Deutschland

Es hatte gegen Abend etwas aufgeklärt, und auch die See war ruhiger geworden; unter schön beleuchteten Wolken war die Sonne im Westen untergegangen.

Die ganze Freiwache war heraufgekommen, um frische Luft zu schöpfen und schnell eine Zigarre oder Zigarette zu rauchen. Unter Deck ist das Rauchen ja streng verboten. Die Leute drängen sich alle an der geschützten Seite des Turms zusammen, eng an- und übereinander, gegen die Turmwand geschmiegt. Es sieht seltsam aus, wie ein Bienenschwarm, eine Traube von Menschen in grober schwerer Seekleidung. Es geht hierbei nicht mit viel Etikette zu; ich lasse die Leute gewähren, sie haben es nicht leicht da unten, und wenn einer mal den Kopf durch das Turmluk strecken will, um ein paar Züge aus sei-

ner Pfeife machen zu können, gönne ich
ihm gern den kurzen Genuss.

Dabei suchen aller Augen unwillkür-
lich den Horizont ab. Das hat sein Gutes; je mehr Menschen beobachten, desto
mehr kann gesehen werden; und manche unserer Leute haben Augen wie
Falken.

Da tauchen in der durchsichtigen
Dämmerung des Juniabends an Backbord in grosser Entfernung zwei Masten
auf, ein Schornstein folgt, und bald ist
der Rumpf eines Dampfers über der
Kimm. Mit Hilfe unserer guten Pris-
mengläser wird er nun ständig beobach-
tet. Wir wollen seinen Kurs feststellen,
um ihm dann über Wasser aus dem
Wege gehen zu können.

Wir haben bald ein paar gute Peilun-
gen, und ich nehme nun die Karte her;
ich sehe nach, vergleiche, beobachte noch

einmal, rechne nach und nehme wieder die Karte und stutze ... Mit dem Kurs kommt der Dampfer überhaupt nicht nach einem Hafen.

Ist es denn möglich?

So muss er geradezu auf die Küste, irgendwo auf die Felsen laufen.

Ich rufe Krapohl, zeige ihm meine Berechnung. Wir schauen noch einmal durch die Gläser, vergleichen die Karte; es stimmt:

Der Bursche fährt ins Leere.

Wir hatten uns inzwischen so weit genähert, dass wir ihn gut ausmachen konnten. In der Dämmerung des Juniabends war es so klar und hell, dass wir genau beobachten konnten. Es war ein schöner, mittelgrosser Dampfer, der eine grosse neutrale Flagge führte und am Rumpf auffällig in den Farben desselben

Landes bemalt war. In der Mitte des Rumpfes trug er einen grossen Doppelnamen, den wir aber noch nicht lesen konnten.

Plötzlich ruft Krapohl:

"Donnerwetter, wie kommt's, dass der Kerl noch solange nach Sonnenuntergang die Flagge führt? Wenn das Zufall ist! Und was soll die auffällige Bemalung jetzt zur Zeit des U-Boot-Friedens? Der Kerl ist verdächtig!"

Ich musste ihm beistimmen. Mich machte vor allem der unsinnige Kurs stutzig; zum Vergnügen fährt man im Weltkrieg doch nicht nachts auf der Nordsee spazieren!

Wir überlegen, was zu tun ist. Noch hat uns der Dampfer nicht gesehen, er fährt seinen geheimnisvollen Kurs weiter und steht schon etwas achterlich von uns.

Ich entschliesse mich deshalb, nicht zu tauchen, da wir jetzt mit unserem Kurse bald auseinanderkommen müssen.

Da macht der Dampfer plötzlich eine scharfe Wendung und hält direkt auf uns zu. Jetzt können wir sehen, dass der wackere Neutrale auch die Boote ausgeschwungen hat; natürlich, um noch deutlicher seinen Charakter als harmloser Kauffahrer zu dokumentieren, der auf alles gefasst ist und bereit, den Befehlen eines Frontbootes sofort Folge zu leisten.

Uns genügte diese weitgehende Loyalität. Ich schickte alle Leute unter Deck und liess sofort Alarm geben. Wir machen zum Tauchen klar und drehen dabei auf den Dampfer zu, um quer zur See zu liegen, da wir dann leichter unter Wasser kommen.

Nun geschieht zu unserer grössten Verblüffung folgendes: Kaum hat der "neutrale" Dampfer unsere Wendung gesehen und gemerkt, dass wir tauchen, da dreht er mit einem Ruck ab. Im Tauchen sehen wir noch, wie er dicke Rauchwolken ausstossend in charakteristischen Zickzackkursen das Weite sucht.

Dies Eingeständnis eines schlechten Gewissens war für uns einfach überwältigend. So haben wir noch nie gelacht, wie bei der Flucht dieses Biedermanns mit dem unbekannten Kurs. Der Schlaue glaubte sich durchschaut und fürchtete, in den nächsten Augenblicken einen Torpedo von uns in die Rippen zu bekommen.

Und welche Wut musste er haben! Es wäre so schön gewesen, als Neutraler recht nahe an die "Pest" heranzukommen, um dann auf sichere Entfernung mit den Stückpforten auch die Harmlosigkeit fallen zu lassen und zu schiessen. Die U-Boote-Falle war so schön gelegt, der deutsche "Pirat" brauchte nur noch ein wenig näher zu kommen!

Statt dessen schlagen wir unter Wasser einen Haken und tauchen erst nach zwei Stunden wieder auf. Erst suche ich mit dem Sehrohr den Horizont ab und öffne dann, halb getaucht, das Turmluk, um mit dem Glas Umschau zu halten; die Luft ist klar; im Süden ist der Mond heraufgekommen und macht die dämmernde Helle der Sommernacht noch durchsichtiger. Aber so weit ich blicke, ist die See leer, kein Dampfer zu sehen. "U-Deutschland" kann unbehelligt ihres Weges ziehen, und ausser der reinen Freude über die Ent-

täuschung des schlauen Fallenstellers
habe ich jetzt die Gewissheit, dass wir
alle Schiffe sehen, bevor sie unserer an-
sichtig werden können.

Und das ist schon etwas wert.

© Int. Press Exchange

Der Schlepper "Timmins", die "Deutschland" auf der Fahrt von der Quarantäne nach Baltimore begleitend

Dreiviertel Ansicht vom Heck der "Deutschland" als das Schiff an seinen Landungsplatz in Baltimore anfuhr

V

EIN KOPFSTAND IN DER NORDSEE

Ich hatte beschlossen, in der folgenden Nacht während der dunkelsten Stunden zwischen elf und ein Uhr getaucht mit den E.-Maschinen zu fahren. Als wir in der Abenddämmerung des langen Sommertages tauchten, war zwar noch wenig Wind, aber eine hohe Dünung ging, als sicheres Zeichen dafür, dass der Wind nach einigen Stunden zum Sturm anwachsen würde. Gegen zwei Uhr gab ich Befehl zum Auftauchen und merkte bald an den immer wilder werdenden Bewegungen des Bootes, dass der Sturm da war und mit ihm noch stärkerer Seegang aufgekommen sein musste. Wir machten ge-

legentlich richtige Sprünge, bliesen
aber unsere Tanks ruhig aus und kamen
ganz ordentlich hinauf.

Von Sehrohrtiefe an versuchte ich
Umschau zu halten; es war aber noch
fast unmöglich, etwas zu sehen, da das
Sehrohr alle Augenblicke in dicke Was-
serberge einschnitt; dazu die Dämmerung, in der sich die heranwälzenden
Wogen im Sehrohr noch grösser und
unheimlicher ausnahmen. Wir tauchten nun ganz auf, und ich stieg auf den
Turm, um über die wild tanzende See
hinweg richtigen Ausblick zu gewinnen.

Das war ja ein nettes Wetter geworden. Rings im fahlen Dämmerschein
ein Hexenkessel von unwahrscheinlich
hoch ansteigenden Wellenbergen mit
Schaumkronen, von denen der Wind
den Wasserstaub abbliess und zischend
durch die Luft jagte. Das Boot arbei-

tete schwer gegenan und setzte häufig
stark weg; das ganze Deck war natürlich überflutet; alle Augenblicke prallte
eine See an den Turm und ging in dich-
tem Sprühregen über mich hinweg. Ich
klammerte mich an die Brüstung der
"Badewanne" und suchte den Horizont
ab, einen seltsamen Horizont von sich
kulissenartig durcheinander schieben-
den Wasserbergen.

Eben wollte ich den Befehl geben, die
Ölmaschinen anzustellen, da — was war
das?

Der dunklere Streif dort, war das
keine Rauchfahne?...

Aber schon schob sich der Rücken
einer Woge davor, in den dämmer-
grauen Himmel...

Ich wartete und starrte durch das
Glas, bis die Augen schmerzten...

Da kam es wieder und war eine

Die Fahrt der Deutschland

dunkle Rauchfahne, — — — — — —
und da, da: eine Mastspitze, dünn wie
eine Nadel, aber ich habe sie im Glas;
und jetzt, jetzt — — — — — — — ich
bohre meine Augen ins Glas, — — —
was das Wellental eben freigibt, das
Dunklere dort . . . . der Rauch drüber,
vier niedrige Schornsteine . . .

Donnerwetter, das ist ein Zerstörer!

— — — — — — — — — —

Mit einem Satz bin ich im Turm, das
Turmluk zu: "Alarm" — "Schnelltauchen" — — — "Fluten" — — — "Tiefenruder" — — — "Auf zwanzig Meter
gehen!" — — —

Die Befehle folgten sich alle wie in
einem Atem. Aber die Ausführung!

Bei diesem Seegang gegenantauchen
ist nach allen Erfahrungen fast barer
Wahnsinn . . .

Aber was will ich machen?

Der Zerstörer konnte uns schon gesehen haben ...

Hinunter mussten wir, und so schnell als möglich.

Unter mir in der Zentrale arbeiten die Leute in lautloser Hast. Die Schnellentlüftungen sind geöffnet, die gepresste Luft zischt aus den Tanks — die Tauchventile singen in allen Tonleitern ...

Ich stehe mit gepressten Lippen, blicke durch die Turmfenster auf die tobende See ringsum, lauere auf das erste Zeichen eines Tiefergehens.

Aber immer noch sehe ich unser Deck, immer wieder reisst uns eine Welle empor. — — —

Wir haben keinen Augenblick mehr zu verlieren.

Ich lasse noch mehr Tiefenruder

geben, befehle: "Beide Maschinen äusserste Kraft voraus!"...

Das ganze Boot erzittert und bebt unter dem verstärkten Maschinendruck und macht förmlich ein paar Sprünge; es taumelt geradezu in der wilden See, will es immer noch nicht? .... Dann schneidet es mit einem Ruck plötzlich vorn unter und geht mit immer stärkerer Neigung rapid in die Tiefe. Das eben dämmernde Tageslicht verschwindet an den Turmfenstern, das Manometer zeigt in rascher Folge zwei — drei — sechs — zehn Meter .... Aber auch die Neigung des Bootes wächst immer mehr.

Wir taumeln, lehnen uns zurück, rutschen aus; wir verlieren allen Halt auf dem Boden, der sich jäh nach vorn senkt — — — ich kann mich gerade noch am Okularteil des Sehrohrs festhalten .... und unten in der Zentrale klammern sich die Leute an den Handrädern der Tiefenruder fest ... so geht es ein paar fürchterliche Sekunden ——

Wir sind uns über die neue Situation noch gar nicht klar geworden — da gibt es einen heftigen Stoss, wir werden zu Boden geschleudert, und alles, was nicht niet- und nagelfest ist, wird wild durcheinandergeworfen ...

Wir finden uns in den seltsamsten Stellungen wieder, sehen uns an, und einen Augenblick herrscht beklommenes Schweigen; dann meint der erste Offizier Krapohl ganz trocken:

"So, da wären wir ja angekommen."

Das löste die scheussliche Spannung.

Wir waren aber doch alle recht bleich geworden und suchten uns nun zurechtzufinden.

Was war geschehen?

Warum diese unnatürliche Neigung des Bootes? Und warum tobten die Maschinen da über uns manchmal so rasend drauflos, dass das ganze Boot erdröhnte? . . . .

Bevor aber einer von uns noch recht überlegen konnte, hatte sich unser kleiner Klees, der leitende Ingenieur, aus seiner kauernden Stellung emporgeschnellt und hatte blitzartig den Maschinentelegraph auf "Stopp" herumgerissen.

Plötzlich war nun tiefe Stille.

Wir sammelten langsam unsere Gliedmassen und überlegten: was war geschehen?

Das Boot hatte sich vorn in einem Winkel von etwa 36° nach unten geneigt und stand sozusagen auf dem Kopf; wir mussten mit dem Bug auf dem Grund sitzen, und achtern pendelten

wir mit ganz gehörigem Schwung auf
und nieder; dabei zeigte das Manometer
eine Tiefe von ungefähr fünfzehn Me-
tern.

Ich machte mir rasch unsere Situation klar; sie war nichts weniger als gemütlich.

Nach der Karte hatten wir hier etwa
einunddreissig Meter Tiefe; bei der
steilen Lage des langen Bootes musste
unser Heck ein beträchtliches Stück
über Wasser ragen und konnte dadurch
zu einer lieblichen Zielscheibe für feindliche Zerstörer werden. Solange die
Maschinen noch gingen, musste noch
folgendes hinzukommen: wenn ein Wellental über uns hinwegging, peitschten
vermutlich die Schrauben zum Teil in
die Luft und erhöhten unsere Anzie-
hungskraft durch wilde Fontänen und
Schaumwirbel. Das hatte Klees sofort

an dem rasenden Einrucken der Motoren erkannt und hatte durch seine Geistesgegenwart wenigstens die ärgste Gefahr beseitigt.

Immerhin hatten wir unseren Liegeplatz durch eine eigenartige Boje bezeichnet und erwarteten jeden Augenblick, aus dem hoch über uns hängenden Achterschiff den krachenden Einschlag einer Granate zu hören — — —
— — — — — —

Sekunden einer fürchterlichen Spannung vergingen — — — — — — —

Aber es blieb still. Die Schrauben konnten uns ja nicht mehr verraten: auch war es oben wohl noch zu dunkel, und der Zerstörer hatte bei der wilden See wahrscheinlich genug mit sich selbst zu tun.

Dass wir uns trotzdem beeilten aus der blödsinnigen Lage herauszukom-

men, ist wohl verständlich. Da das Boot
im übrigen vollständig dicht geblieben
war und den furchtbaren Stoss ohne
jeglichen Schaden ausgehalten hatte,
ging alles weitere programmässig vor
sich. Die achteren Tanks, die nicht ganz
entlüftet waren, wurden schnell geflutet und so allmählich wieder eine ver-
nünftigere Lage des Bootes herbeigeführt.

Horizontal lag es deswegen aber noch
lange nicht; dazu hatte es die Nase zu
energisch in den Dreck gesteckt. Aber
wir waren jetzt wenigstens ganz unter
Wasser und konnten in Ruhe an die übrigen Arbeiten gehen. Aus den vorde-
ren Ballasttanks wurde ein Teil des
Wassers gedrückt, und im übrigen
trimmten wir das Boot mit den Trimmtanks so lange um, bis der Bug vom
Grund los kam. Wir fingen jetzt an

aufzuschwimmen, mussten aber alsbald
zurücktrimmen, um der sofort auftre-
tenden Neigung zum Pendeln des zu
schwer gewordenen Achterschiffs ent-
gegenzuwirken. Nach einiger Zeit war
der Gleichgewichtszustand wieder hergestellt und die "Deutschland" fest in
meiner Hand.

Jetzt war auch Zeit zum Ueberlegen,
was das plötzliche Bocken unseres sonst
so braven Bootes herbeigeführt haben
mochte. Es muss eine ganze Reihe von
Gründen zusammengekommen sein. Abgesehen davon, dass es in den seltensten
Fällen gelingt, ein grosses Boot gegen
hohen Seegang zum Tauchen zu bringen, so mögen die Tanks bei der Eile, zu
der uns der Zerstörer zwang, wohl auch
nicht ganz entlüftet gewesen sein. Dazu kam aber vor allem die plötzliche
dynamische Wirkung der Tiefenruder,

die im Verein mit der vollen Maschinen-
kraft und der niederdrückenden Wirkung einer besonders schweren See dem
Boot die verhängnisvolle Neigung zu
rasch aufzwang. Wir befanden uns in
einer Lage wie ein Lenkballon, der kurz
vor dem Landen zu viel Tiefensteuer
gibt und durch eine plötzliche Fallböe
mit doppelter Gewalt auf die Erde gedrückt und zerschmettert wird. Bei uns
freilich hielt das wunderbare Material
unseres stählernen Druckkörpers den
heftigen Stoss ohne weiteren Schaden
aus. Nur der Boden der Nordsee mag
auf x° nördlicher Breite und x° öst-
licher Länge eine kleine Beschädigung
erlitten haben.

Noch etwas scheint mir an dem ganzen
Vorfall erwähnenswert. Wenn ich mir
jetzt nachträglich vergegenwärtige, was
ich dachte, als wir so in voller Fahrt mit

36° Neigung in die Tiefe sausten, so
muss ich sagen: mein erster Gedanke
war die Ladung; ist die Ladung auch
sicher verstaut, kann die Ladung nicht
überschiessen? Daran dachte ich ganz
instinktiv, so sonderbar es hinterher
auch klingen mag. Man kann eben seinen alten Adam als "dicker Dampfer"-
Kapitän auf solch einem U-Boot doch
nicht so ohne weiteres loswerden.

VI

HINAUS INS FREIE

Von der Nordsee hatten wir nun genug. Und es sollte jetzt auch bald "hinaus" gehen, hinaus ins Freie.

Über den "Weg" waren wir uns Gott sei Dank klar. Weniger darüber, was uns auf dem "Weg" alles passieren konnte. Wir durften uns schon auf einige kleine Überraschungen gefasst machen.

Aber schliesslich, wozu fährt man ein Unterseeboot, mit dem man den Überraschungen doch mit Aussicht auf einigen Erfolg aus dem Wege gehen kann! Und vor uns haben es so viele Frontboote doch auch zustande gebracht und sind "hinaus" gekommen.

Die hatten dabei noch eine Reihe be-

sonderer gefahrvoller Aufgaben zu er-
ledigen, während wir einfach darauf
achten müssen, dass wir nicht gesehen
werden und gut durchschlüpfen.

Freilich kam es zunächst nicht einmal so sehr darauf an, dass wir überhaupt nicht gesehen wurden, sondern die
Hauptsache für uns war, nicht als Handels-U-Boot erkannt zu werden.

Die Eigenschaft unserer "Deutschland" als eines unbewaffneten friedlichen Handelsfahrzeugs hätte uns doch
keinen Augenblick vor dem sofortigen
Versenktwerden geschützt. Davon waren wir überzeugt, und wie sehr wir damit im Recht waren, zeigte später die
offizielle Erklärung der englischen und
französchen Regierungen.

Hatten sie uns aber erst einmal als
Handels-U-Boot erkannt, dann waren
wir nicht nur in augenblicklicher Ge-

ANNÄHERUNG ZUM PIER IN BALTIMORE

Eine Ansicht, welche die eigentümliche Bauart des Schiffes darstellt

Die "Deutschland" am Pier in Baltimore

fahr; dann war auch unser ungehinder-
tes Einlaufen in unseren amerikanischen Bestimmungshafen aufs höchste
gefährdet; dann hatten wir auf unsere
Fährte eine Menge blutgieriger Spür-
hunde gehetzt. Im günstigsten Fall
noch kamen wir dann immer um die
Wirkung einer die ganze Welt über-
raschenden Ankunft in Amerika. Und
darauf war begreiflicherweise unser
Ehrgeiz gerichtet.

Das waren so ungefähr meine Über-
legungen, als wir uns den Gegenden der
"dicken Luft" näherten.

Wir schlängelten uns also möglichst
vorsichtig heran. Gesehen haben wir
dabei eine Menge; selber gesehen worden sind wir höchst selten, erkannt worden niemals. Unter Tags weichen wir
mehreren Dampfern durch Kursänderung aus, in der Nacht fahren wir

selbstverständlich abgeblendet und tauchen, wenn nötig.

Auch das Wetter begünstigt uns. Einmal sichten wir ziemlich entfernt einen englischen Hilfskreuzer; er fährt Zickzackkurse in einer bestimmten Richtung. Wir haben eine zeitlang parallelen Kurs mit ihm und behalten ihn ständig im Auge. Aber bei der hohen See, die ihm wahrscheinlich sein Fahren nicht zum Vergnügen macht, bleiben wir unbemerkt.

Ein anderes Mal kommt in der Abenddämmerung ein Bewachungsfahrzeug in die Nähe; es hat uns gesehen und nimmt durch Heissen der englischen Handelsflagge Harmlosigkeit, um uns zu einem Angriff zu verleiten. Als wir ruhig unseren Kurs halten, fährt es verärgert weg. Der Seegang war ihm wohl auch für weitere Unternehmungen zu

hoch. Anderen schnelleren Bewachungsfahrzeugen können wir rechtzeitig ausweichen.

Später flaut es ab — und wird neblig.
Wir tauchen und legen uns auf den
Grund. Wir brauchen uns nicht zu be-
eilen; und warum sollten wir uns nicht
einmal ein wenig Ruhe gönnen!

Es war zwar nicht sehr seicht an jener
Stelle; es war sogar recht tief. Desto
sicherer und ruhiger haben wir gelegen.
Und wozu haben wir unsere treffliche
Lotmaschine und den wunderbaren
Druckkörper unserer "Deutschland"!

Diese Nacht auf dem Meeresgrunde
von X ... war eine rechte Erholung für
uns alle. Man konnte sich wieder einmal richtig waschen und sich dann ordentlich niederlegen, ohne fürchten zu
müssen, sogleich wieder durch ein
"Huijo" im Sprachrohr aufgeschreckt

zu werden. Vorher aber haben wir getafelt, ganz regelrecht getafelt. Die
beiden Grammophone spielten, und
wir liessen die Gläser klingen, die
— irgendwie aus Höflichkeit — mit
französischem Champagner gefüllt waren. Unser Stucke aber, die treue Seele,
Steward, Hilfskoch und Mädchen für
alles, bediente uns mit einer ernsten
Feierlichkeit, als wäre er noch immer
Steward im Speisesaal der "Kronprin-
zessin Cäcilie"; als wäre er niemals fast
ein ganzes Jahr in französischer Gefan-
genschaft gewesen, um jetzt in x Meter
Tiefe auf "U-Deutschland" zu hantieren, wo er in unserer gemütlichen Messe
immer neue Künste entwickelt und es
versteht, in der Miniaturpantry und in
ein paar Schubladen ungeahnte Mengen
von Tischzeug und Bestecken zu verstauen.

Am nächsten Morgen geht's bald wieder in die Höhe. Die Lenzpumpe schnurrt und brummt, und wir klettern mit vielen hundert Litern "über normal" und mit den Tiefenrudern ordnungsgemäss aus der Tiefe empor. Auf etwa zwanzig Meter fängt das Boot an, seine schöne Stetigkeit zu verlieren. Das wird zuerst am Manometer ersichtlich, dann merkt man es an den Tiefenrudern, die schwerer zu bedienen sind und in die das Boot oft ganz unvermutet hart einruckt. Je höher wir kommen, desto lebhafter werden die Bewegungen; da oben muss ein ganz respektabler Seegang stehen.

Ich steige nun vorsichtig auf Sehrohrtiefe hinauf, fahre so eine Zeitlang und halte Umschau. Ausser einem Heer wild heranjagender weisser Wogenkämme ist nichts zu sehen. Das Wetter ist mir gerade recht, denn mit desto weniger scharfer Bewachung haben wir zu rechnen.

Ich beschliesse nun, ganz aufzutauchen, und lasse Pressluft in einen Tank geben, bis der Turm genügend frei ist.

Die Ölmotoren werden angeworfen, und die Ventilationsmaschine sorgt vorläufig für Erneuerung der Luft. Kaum aber hatten wir das Turmluk geöffnet, da flog schon der erste feuchte Gruss in die Zentrale. Damit war es also zunächst noch nichts. Es wird noch ein Tank angeblasen und dann das Turbogebläse angestellt, das die Tanks bald leer presst.

Vorher ist aber noch ein kleiner seemännischer Kunstgriff nötig. Zum weiteren Auftauchen muss nämlich dwars gegangen werden, da in dem hohen Seegang der lange schwere Bootskörper gegenan nicht leicht aus dem Wasser hoch kommt.

Mit kleiner Fahrt legen wir also die "Deutschland" quer zur See. Sie rollt jetzt fürchterlich; es ist eine scheussliche Lage und schüttelt einem fast die Seele aus dem Leibe. Dazu gehen alle Augenblicke die schweren Dwarsseen über das Boot hinweg. Aber es gehorcht den Tiefenrudern und steckt langsam die Nase aus dem Wasser. Als wir ganz heraufgekommen sind, macht der Turm mit den Sehrohren allerdings beängstigende Pendelbewegungen in der Runde.

Nun kommt noch ein unangenehmer Moment: es gilt, das Boot mit kleiner Fahrt langsam wieder auf Kurs zu bringen. Hinter den dicken Turmfenstern geborgen, an denen das Spritzwasser unaufhörlich niederrieselt, mich mit

Armen und Beinen in dem wilden
Schlingern nach beiden Seiten stem-
mend, lauere ich hinaus nach alter See-
mannserfahrung warte ich eine Periode
von drei besonders hohen Wellen ab,
auf die gewöhnlich ein unregelmässiges
niederes Gewoge folgt. Jetzt ist die
dritte hohe Woge vorbei, ein Ruf für
den Rudergänger in der Zentrale, es gelingt, der Bug bohrt sich langsam herum, und wir kommen ohne allzu schwere
Brecher auf unseren alten Kurs.

Es bleibt freilich ein hartes Arbeiten.
Der Sturm nimmt eher noch zu, und
gegen die schwere See geht unsere
Fahrt nur langsam vonstatten. Dazu
ist ein Teil der Leute seekrank; die kurzen ruckweisen Bewegungen des Bootes
sind abscheulich.

Aber je weiter wir ·kommen, desto
mehr macht sich die ständige lange Dü-

nung des Atlantischen Ozeans bemerkbar. Das kurze Stampfen hört allmählich
auf und geht in ein majestätisches Wie-
gen über. Wir sehen in der Ferne noch
zwei von einem nächtlichen Vorstoss
heimkehrende englische Kreuzer. Wir
liegen zu tief, sie bemerken uns nicht
und verschwinden rasch auf Gegenkurs.

Wir sind nun frei von den englischen
Bewachungsfahrzeugen; freudig steuern wir hinaus ins Freie, hinaus auf den
weiten Atlantischen Ozean.

VII

IM ATLANTIK

Da waren wir also glücklich draussen.
Recht freundlich empfing er uns nicht,
der Atlantik. Wir sind ja von den letzten Tagen her schon einiges gewohnt,
aber ich will die Nerven meiner Leute,
die noch auf der ganzen vor uns liegenden Reise standhalten müssen, nach
Möglichkeit schonen. Ich beschliesse
darum, südlicher zu gehen, um dort wo-
möglich besseres Wetter anzutreffen.
Leider sollten wir uns darin zunächst
getäuscht sehen.

Wenn ich heute meine Aufzeichnungen aus jenen ersten Tagen im Atlantik
durchblättere, so stosse ich immer wieder auf Bemerkungen wie: "Schwere

See"; "Wind steif aus WNW, Stärke acht"; "Wind wächst zum Sturm an"; "Schwere Seen gehen über das ganze Boot und selbst den Turm hinweg"; "das Boot fährt fast beständig unter Wasser" usw. In diesen paar abgerissenen Sätzen steht das schwere und ausserordentlich angreifende Dasein von neunundzwanzig Menschen in einem abgeschlossenen stählernen Fisch, der sich unermüdlich durch eine wilde aufgewühlte See seinen Weg bahnt.

Ich wüsste keine bessere Gelegenheit, die vortrefflich durchgedachte Konstruktion und die ausgezeichneten See-Eigenschaften unserer "Deutschland" zu preisen, als gerade bei der Erinnerung an jene Sturmtage im Atlantik. Es wurde der "Deutschland" auch von den Elementen wahrhaftig nicht leicht gemacht, nach Amerika zu kommen. Die allergrösste Beanspruchung wurde an Bootskörper und Maschinen gestellt, die tagaus, tagein ruhig und gleichmässig weiterzulaufen hatten, wenn wir unser Ziel erreichen wollten.

Es ist mir daher ein Bedürfnis, hier der Werft und aller ihrer Herren dankbar zu gedenken, deren Arbeit uns ein so vorzügliches Fahrzeug zur sicheren Vollendung unserer Fahrt in die Hand gab. Man kann sich leicht für ein schönes Schiff begeistern, das mit feinen und eleganten Formen im Hafen jedermann entzückt oder in ruhigem Wasser mit Höchstgeschwindigkeit dahinbrausend die Bewunderung von Laien und Fachleuten erweckt.

Aber was ein Schiff eigentlich taugt, seinen inneren Wert sozusagen, das erkennt man erst, wenn es seine Probe auf hoher See ablegt. Man kommt erst hin-

ter seine besten Eigenschaften und gewinnt so recht erst das Vertrauen in
seine Zuverlässigkeit und Seetüchtig-
keit, wenn es einmal mit Windstärke
zehn weht und ein Seegang von Stärke
acht steht, in dem man gegenan soll.
Und nicht nur etwa für ein paar Stunden; nein, tagelang, wochenlang. Da
kann ein Schiff dann zeigen, was es wert
ist.

Das gilt besonders für ein U-Boot im
Kriege. Ein Frachtdampfer im Frieden, der ja auch oft lange Beanspru-
chungen aushalten muss, hat doch
schliesslich immer die Möglichkeit,
einen Nothafen aufzusuchen oder Hilfe
herbeizurufen; im schlimmsten Fall
kann er ein paar Tage treiben, um besseres Wetter abzuwarten. Das alles
gibt es für das U-Boot nicht. Ihm kommen zu den Gefahren der See die Gefah-

ren von seiten des Feindes, des grau-
samsten und erbarmungslosesten Feindes. Ihm winkt kein Nothafen, und
wenn es ein paar Stunden nur be-
wegungs- und tauchunfähig liegt und
entdeckt wird, dann hetzen ihm die
Gegensegler, die dem havarierenden
Dampfer Rettung und Hilfe bringen
würden, die gierigen Bluthunde auf den
Hals. Niemand ist so einsam und auf
sich allein gestellt wie der U-Boot-Fah-
rer. Kann er sich nicht unbedingt auf
sein Fahrzeug verlassen, dann ist er
verloren.

Darum wissen wir alle, was wir der
Germania-Werft und dem Konstrukteur unseres Bootes, Oberingenieur Erbach, zu danken haben. Nach seinen
Plänen wurde die "Deutschland" ein so
vorzügliches Seeschiff, durch das wunderbare Zusammenarbeiten aller Her-

ren des U-Boots-Schiffbau- und des U-Boots-Maschinenbaubureaus. Was da im Winter 1915 in unglaublich kurzer Zeit und doch mit der Genauigkeit einer Präzisionsarbeit auf der Hellig in Kiel entstand, was Herr Erbach mich in jenen unvergesslichen Probefahrten im Frühjahr zu verstehen und zu lenken unterwies, das kämpfte sich zwei Monate später sicher seinen Weg durch den sturmgepeitschten Ozean und brachte den Ruhm deutscher Schiffsbaukunst über die Meere.

Sturm ist auf dem U-Boot doch noch etwas anderes als selbst auf dem nur gleich grossen Dampfer. So lange es geht, muss man natürlich noch aufgetaucht bleiben, um mit den kräftigen Ölmaschinen fahren zu können. Die elektrische Kraft in den Batterien muss immer für äusserste Notfälle gespart

werden, da man sonst nicht tauchen
oder rasch manövrieren kann. Aber was
heisst bei einem U-Boot aufgetaucht
fahren im Sturm? Es steckt doch immer bis zum Turm im Wasser, und auch
den überspülen die Wogen. Die Seen
gehen über das ganze Boot hinweg, weil
es zu schwer ist, um wie ein kleineres
Fahrzeug gehoben zu werden, und weil
es nicht, wie ein Dampfer, beim tiefe-
ren Einbohren in solch einen sich heranwälzenden Wasserberg Reservedeplace-
ment zum Tragen bringt, wie man sich
seemännisch ausdrückt. Es ist mit seiner ganzen Grösse schon getaucht und
kann durch ein weiteres Eintauchen
nicht wie das Ueberwasserfahrzeug
seine Wasserverdrängung vergrössern
und dadurch noch mehr Schwimmfähigkeit und Auftrieb bekommen. Das elas-
tische Arbeiten des Dampfers, der im

Links — KAPITÄN HANS T. HINSCH,
vom Norddeutschen Lloyd

Mitte — KAPITÄN PAUL KÖNIG

Rechts — PAUL G. L. HILKEN,
Vertreter der Deutschen Ozean-Reederei in Amerika

© Int. Film Service

Am Land in Baltimore nach vielen Tagen auf See

Das erste Bild der Mannschaft der "Deutschland", nach der Ankunft in Amerika genommen

Seegang dauernd sein Deplacement verändert und durch jeweils wachsenden Auftrieb gestützt und gehoben wird, fällt beim U-Boot weg. Brüllend und mit hartem Aufschlag fallen die Wogen über den bebenden Bootskörper her, seine Bewegungen sind unvermittelt und ruckweise und bedeuten eine fürchterliche Beanspruchung aller Verbände.

Da kann man erproben, was für Material man unter sich hat, da zeigt es sich, wie genial die Linien des Bootes konstruiert sind, dass es selbst in solchem Hexenkessel noch Fahrt behält und steuerfähig bleibt.

"U-Deutschland" wurde auf eine harte Probe gestellt, und sie bewährte sich glänzend. Mehrere Tage blieb das Wetter sich gleich. Orkanartige Böen peitschten das Wasser und überfluteten das Boot mit donnernden Wogenber-

gen. Selbstverständlich waren alleEin-
steigluken auf Deck geschlossen und in
kurzen Zwischenräumen musste auch
das durch die Vorderwand der "Badewanne" doch so gut geschützte Turmluk vom Wachoffizier bei jeder über-
kommenden See zugeworfen werden.

Schön war's nicht auf dem Turm.
Aber immer noch tausendmal besser als
unter Deck, wo die Leute in der abgesperrten Luft bei dem ewigen Rollen
des Bootes stark an Seekrankheit zu lei-
den begannen. Mancher altbefahrene
Mann opferte hier zum ersten Male
Neptun.

Am dritten Tage flaute es endlich ab.
Die See wurde ruhiger, und wir konnten sämtliche Einsteigluken öffnen, um
das Boot gut durchzulüften und auszu-
trocknen. Alle Leute von der Freiwache kamen herauf, um sich an Deck

in der Sonne lang auszustrecken und
sich zu erholen, was mancher wirklich
nötig hatte. Überwacht und mit blei-
chen Gesichtern kamen sie aus den
Luken; kaum aber waren sie an frischer
Luft und hatten sich den schönen See-
wind um die Nase wehen lassen, da zün-
deten sie sich schon das geliebte Rauch-
zeug an.

Da auf unserem jetzigen Kurs wenig
Dampfer zu erwarten sind, wird ein
grosses Trocknen veranstaltet. Jeder
bringt seine nassen Sachen, die unten in
der eingeschlossenen Luft nicht trocknen konnten, zum Lüften herauf. Das
ganze Deck ist voll von Betten, Decken,
Kleidern und Stiefeln; an den Drähten
des Geländers wird das Unterzeug be-
festigt und flattert lustig im Winde wie
an Wäscheleinen. Dazwischen liegen
die Leute in den seltsamsten Stellungen

und sonnen sich wie die Eidechsen. Um die künstliche Ventilation sämtlicher Räume durch natürlichen Zug noch zu verstärken, werden in sämtlichen Luken die Segeltuchwindsäcke aufgehängt. Mit ihren zackigen Seitenflügeln haben sie etwas von Fischflossen und lassen den gewölbten grünen Oberbau unserer "Deutschland" wie den Rücken eines phantastischen Urweltfisches aussehen; wir müssen einen seltsamen Anblick dargeboten haben.

Es war aber niemand da, um sich darüber zu wundern; einem einzelnen Dampfer, dessen Rauch gegen Abend am Horizont auftauchte, konnten wir durch Kursänderung leicht ausweichen.

Die Stimmung unter der Besatzung ist vorzüglich; als Zeichen dafür ertönt aus dem Mannschaftsraum lustig das Grammophon. Auch bei uns in der

Messe wird der kleine Apparat für "Konservenmusik" angestellt, die aus dem Leben auf U-Booten gar nicht mehr fortzudenken ist.

Im übrigen begann jetzt der monotone Teil unserer Fahrt. Das gute Wetter hielt an, Begegnungen hatten wir wenig zu erwarten.

Ich finde in meinem Tagebuche nur folgende Aufzeichnungen: "Der langweilige Tramp unserer Reise beginnt. Dauernd ein wenig schlingernd verfolgt das Boot seinen Kurs; ab und zu wird einem Dampfer aus dem Wege gegangen. Mehrere Tage kommt überhaupt nichts in Sicht; die Grammophone spielen und alles ist in bester Stimmung. Auf hoher See im U-Boot ist man ja wie niemand anderes mit seinem Wohlbefinden vom Wetter abhängig."

Es ist eigentlich der erste Augenblick,

dass wir etwas aufatmen können. Mar
blickt zurück, man blickt voraus und
wird in dem ewigen Einerlei der See
mitteilsamer.

Ich stehe eines Tages auf dem Vorschiff; neben mir hockt unser riesiger
Bootsmann Humke in der geöffneten
Holzverschalung des schmalen mittleren Aufbaudecks, unter der wir unser
Rettungsboot gut verstaut haben; einige
Zurrings hatten sich in den Sturmtagen
gelockert und mussten nachgezogen
werden.

Ich habe lange so gestanden, nach
Westen blickend, in Gedanken an Amerika, unser Ziel.

Plötzlich reizt es mich, den braven
Humke darüber anzusprechen. Ich
frage ihn, was er dazu meint, dass wir
nun mitten im Kriege nach Amerika
fahren. Welche Vorstellung er sich

von dem Zweck unseres Unternehmens mache.

Da grinst der Wackere und antwortet ohne Zögern: "Ja, Geld verdienen."

Das ist mir etwas zu summarisch, und ich versuche, ihm verständlich zu machen, was es bedeutet, den Handel mit Amerika wieder aufzunehmen, mitten im Krieg, allen englischen Blockadeschiffen zum Trotz; dabei versuche ich, ihm den Zweck der englischen Blockade zu erklären.

Er fasst rasch auf und sagt:

"Ja, nu verstoh' ick woll, wat de Engländer mit de Blockad wüllt."

Ich gehe weiter und setze ihm, so gut ich kann, das Erfordernis und die Bedeutung einer effektiven Blockade auseinander und werde durch seine Antwort überrascht, die er mir sofort aus dem Gefühl des Volkes heraus mit

der naiven Sicherheit unserer Seeleute
gibt:

"Ach wat, uns kriegt se ja doch nich!
Un denn hätt' ja de ganze engel'sche
Blockad keenen Zweck!"

Inzwischen waren noch einige Leute
der Freiwache herbeigekommen und
hörten zu. Da standen sie breitbeinig
auf dem schmalen Deck eines kleinen
U-Bootes mitten im Atlantischen Ozean,
ein paar unerschrockene deutsche Seeleute.

"Leute," sage ich, "nun habt ihr ge-
hört, warum wir hier fahren. Aber ich
will euch noch was dazu erzählen.

Kerls, ihr habt ja keine Ahnung, was
unsere Fahrt eigentlich bedeutet. Unsere brave 'Deutschland' hier ist ja viel
mehr als blos ein Fracht-U-Boot, mit
dem wir den Amerikanern deutsche
Waren bringen; Waren allerdings, die

englischer Handelsneid und englische Tücke bis jetzt den amerikanischen Küsten fernhielt, nicht nur, um die deutsche Ausfuhr zu schädigen, sondern um dabei auch wacker im trüben fischen zu können, um die amerikanische Industrie und den amerikanischen Handel in aller Unschuld empfindlich zu schädigen.

Damit ist's jetzt vorbei, dafür sorgen wir. Aber das ist noch nicht alles. Das Auftreten des ersten Handels-U-Bootes bedeutet noch viel mehr. Ohne ein Geschütz oder ein Torpedo an Bord zu haben, bringt unsere ‚Deutschland' eine Umwälzung für das ganze Seewesen, für den ganzen überseeischen Handel und für das internationale Recht mit sich, eine Umwälzung, die von noch gar nicht absehbaren Folgen sein wird.

Wie ist's denn bis jetzt mit der Schifffahrt im Krieg, mit unseren Kriegs-U-Booten gegangen? Wir wollten uns mit ihnen gegen die völkerrechtswidrige barbarische Aushungerung wehren. Und was tun die Engländer? Sie bewaffneten ihre Handelsschiffe und schossen jedes U-Boot zusammen, das sich ihnen näherte, um Kontrebande zu versenken. Das heissen sie dann Verteidigung.

Und was geschieht nun? Wir wehren uns unserer Haut, und unsere U-Boote, denen in jedem Fischdampfer ein 'Baralong'-Mörder auflauert, versenken ohne Warnung die bewaffneten englischen Handelsschiffe, um nicht selbst plötzlich zusammengeschossen oder gerammt zu werden.

Jetzt schreien die Engländer um Hilfe; und mit dem bestehenden formalen Recht gewinnen sie die Amerikaner auf ihre Seite, denn in dem bestehenden formalen Recht — gibt's noch keine besonderen Bestimmungen für U-Boote. Wir wollen mit dem grossen amerikanischen Volke Frieden haben und geben nach. Die Regierung, die den ‚Baralong'-Kommandanten belohnte, scheint gesiegt zu haben; es bleibt dabei, Handelsschiffe dürfen nicht ungewarnt versenkt werden.

Da kommt unsere ‚Deutschland' und ist ein U-Boot und ein Handelsschiff. Handelsschiffe dürfen nicht ungewarnt versenkt werden und — das bestehende formale Recht kennt noch keine besonren Bestimmungen für U-Boote. Ein Handels-U-Boot aber, das man vor dem Versenken untersuchen muss, dürfte schwerlich zu stellen sein, wenn es noch tauchfähig ist. Da ist das schnellste Torpedoboot machtlos.

Die Fahrt der Deutschland

Die Engländer sind in der eigenen Schlinge gefangen; die ‚Deutschland' wirft die ganze einseitige Auslegung des formalen Rechts über den Haufen. Was zuerst gegen uns benutzt wurde, das spricht jetzt für uns.

Denn jetzt steht es so: Wenn Handelsschiffe, die ja auch U-Boote sein können, nicht ohne Untersuchung versenkt werden dürfen, dann hat unsere ‚Deutschland' unter dem bestehenden formalen Recht die englische Blockade hinfällig gemacht. Denn das deutsche Handels-U-Boot möchte ich sehen, an das ein englisches Bewachungsfahrzeug nahe genug herankommen könnte, um es zu untersuchen.

Oder aber, es wird nicht untersucht, dann dürfen eben Handelsschiffe ohne Warnung versenkt werden — auch englische. Damit wäre das Kriegsrecht wieder ins Gleichgewicht gebracht durch ein friedliches, unbewaffnetes Handels-U-Boot.

Das, Leute, ist die ungeheure Bedeutung, die in dem Auftreten unserer ,Deutschland' liegt."

Damit schloss ich meine Rede, wohl die längste, die ich je gehalten habe.

. . . .

Das schöne Wetter hält weiter an. Das Barometer bleibt beständig gut, die Luft ist trocken und klar. Wir kommen allmählich in die Breiten, in denen das gute Wetter in dieser Jahreszeit die Regel ist; die Wärme der Sonnenbestrahlung macht sich schon fühlbar, und wir beginnen, auf kleine Erfrischungen zu sinnen.

Dabei bewährt sich unser "Wellenbad". Es ist das eine Erfindung des Wachmaschinisten, Herrn Kissling, der sonst eigentlich für nichts Interesse hat als für seine Motoren. Für die ist er freilich von einer rührenden, durch nichts zu überbietenden Sorgfalt beseelt. Wie oft geschah es bei hohem Seegang, wenn alle Deckluken dicht waren, dass plötzlich ein Mann im Turmluk auftauchte und sich in blinder Hast durch die "Badewanne" zu zwängen versuchte, ohne Rücksicht auf die hohe Navigation, die dort gerade ausgeübt wurde. Wenn nun der Wachoffizier ärgerlich über die Störung auffahren wollte, dann war es unser wackerer Kissling, der, von höchster Sorge für seine Motoren getrieben, in seinem ältesten Ölzeug über das triefende und überspülte Deck dem Heck zustrebte, um dort nach dem Auspufftopf zu gucken. Er musste zu jeglicher Zeit nachsehen, ob auch die Verbrennung or-

dentlich arbeitet, ob der Herzschlag seiner Motoren gut funktionierte und ob
die Explosionen ganz regelmässig waren. Er ging in seinen geliebten Maschinen ganz auf und lebte mit ihrem
Rhytmus. Er hörte die geringste Un-
regelmässigkeit in ihrem Arbeiten und
ging ihr dann von allen Seiten zu Leibe.
Bei einer seiner gar nicht ungefähr-
lichen Extratouren über das gewölbte,
schlüpfrige Seitendeck muss ihm plötzlich irgendwie die Erleuchtung gekommen sein; kurz, er beglückte uns mit der
Erfindung des Wellenbades. Die Sache
war ganz einfach und naheliegend, wie
alle genialen Erfindungen.

Um sie zu verstehen muss man den
äusseren Aufbau der "Deutschland"
kennen. Über dem walzenförmigen
Druckkörper und den seitlich davon ge-
lagerten Tauchtanks und Ölbunkern

baut sich das Aussenschiff auf, das dem Fahrzeug die eigentliche Schiffsform gibt. In seinem oberen Teile bildet dieses Aussenschiff die sogenannten Aussentanks, die bei beladenem Schiff immer durchflutet sind, da Wasser und Luft durch zahlreiche Öffnungen, Löcher und Schlitze zu ihrem Innern Zutritt haben, um ein rasches Ein- und Auftauchen zu ermöglichen. Die Aussentanks spielen also für die Schwimmfähigkeit keine Rolle, sie sind nur eine Konsequenz der die Schiffsform bildenden Aussenhaut, die nach oben zu nicht den Formen von Druckkörpern und Tanks folgt. Trotz dieser relativ nebensächlichen Bedeutung müssen die Aussentanks natürlich von oben zugänglich sein, was durch grössere, in der oberen Deckshaut eingepasste, lösbare Verschlussbleche und Einsteigeleitern

KAPITÄN PAUL KÖNIG
Photographie bei Ankunft der "Deutschland"
in Baltimore

PAUL G. L. HILKEN

Leiter der Deutschen Ozean-Reederei in Amerika

ermöglicht wird. Auf dem sogenannten Tankdeck stehend, hat man dann in den Aussentanks noch etwa Stehhöhe bis zur oberen Deckshaut. Von allen Seiten spült auf der Fahrt natürlich das Seewasser in diese grossen Räume hinein; man braucht nur durch die Öffnungen der entfernten Verschlussbleche einzusteigen, um ein wunderbares, absolut sicheres Meerwellenbad zu geniessen.

Wir haben das denn auch häufig genug ausgenutzt und prachtvoll gebadet.

Die Sache hat nur einen Nachteil. Wenn man nämlich kurz nach einem Tauchen zum erstenmal in das Wellenbad stieg, nahm man kein Meerwasser-, sondern ein richtiges Ölbad. Die Bunker halten nämlich, besonders nach längerer und anstrengender Fahrt, niemals ganz dicht, und so kommt es, dass

7 [97]

das auftauchende Boot nicht selten eine eigene Ölschicht durchbricht, bevor es an die Meeresoberfläche kommt. Diese Ölschicht findet man dann in der "Badewanne", auf den Lukendeckeln und auf dem Deck. Innerhalb der Aussentanks bleibt es natürlich auf der Oberfläche des Wassers, das hier nicht so schnell wechseln kann. Es dauert meistens einen Tag, wenn nicht noch länger, bis das alte ölige Wasser dort abgeströmt und durch neues ersetzt ist. Wer also in dieser Zeit in das Wellenbad stieg, der kam wenig erfrischt und mit einer hochglänzenden und in allen Farben spielenden Haut wie ein Nickelmann heraus. Die Mannschaft hatte an dieser Metamorphose natürlich ihren besonderen Spass.

· · · · · · · · · · · · ·

Das schöne Wetter gab mir aber auch

Gelegenheit, mit meinen Herren eine andere Art von Unterhaltung zu pflegen, die für den glatten Verlauf unserer Fahrt nicht ganz belanglos war. Wir holten die Sextanten hervor und gingen daran, einmal wieder genau nach der Sonne unseren Schiffsort zu bestimmen, was während der vorhergegangenen Sturmtage doch nur recht annäherungsweise möglich gewesen war. Besonders aber die wunderbare klare Luft war es, die mich veranlasste, uns in der Dämmerung im Beobachten von Sternen und im Bestimmen von Gestirnhöhen zu üben.

Nach der langen Zeit eines untätigen Landlebens war es mir geradezu ein Bedürfnis, einmal wieder das seemännische Handwerkszeug hervorzuholen, mit Chronometer und Sextant, mit Zirkel und Seekarte zu hantieren und ein

ordentliches Besteck* aufzusetzen,
wenngleich unter recht eigenartigen Bedingungen.

Die astronomische Navigation auf U-
Booten ist einem nämlich nicht ganz
leicht gemacht.

Es ist für einen alten Dampferkapi-
tän schon ein seltsames Gefühl, solch ein
immerhin gar nicht kleines Fahrzeug
von dem niedrigen Standort auf dem
Turm aus im belebten Gewässer zu navigieren. Man hat nicht den gewohnten
Ueberblick über das Fahrwasser, hat
mit einer ganz besonderen Drehfähig-
keit zu rechnen, muss sich auf ein
anderes Manövrieren, auf andere Kom-
mandoverhältnisse und Entfernungs-
schätzungen einstellen. Besonders
eigenartig aber berührt es, wenn man

---

* Besteck ist die Berechnung des Schiffsorts nach geo-
graphischer Länge und Breite.

in der engen "Badewanne" auf dem Turm eine Mittagshöhe messen, einen Kurs absetzen oder ein Besteck ausrechnen soll. Man ist gewohnt, auf der breiten Brücke des grossen Dampfers hoch über dem Wasser seine Messungen in Ruhe vornehmen zu können und alle nötigen Meldungen durch das Signalpersonal prompt zu bekommen. Dann geht man von der Brücke aus nebenan in das bequeme Kartenhaus, hat den schönen Kartentisch vor sich und macht seine Berechnungen mit allem Komfort.

Und nun auf dem U-Boot: Eingeklemmt in einen ovalen Stahlbottich von der Grösse eines mittleren Damenkoffers, hängt man auf einem hölzernen Klappsitz, presst sich mit der Schulter gegen die Brüstung und versucht mit krampfiger Hand den Sextanten auf-

rechtzuhalten, bis man einmal das Sonnenbildchen gerade auf die Kimm bekommt. Dann gilt es, das Instrument
rasch hinter die Schutzwand zu bergen
und durch den Turm in die Zentrale
hinabzuklettern, wie man vorher hinaufgeklettert ist: die Instrumente und
Karten gegen die Brust gepresst und
sich mit Rücken und Knien anstemmend. So zwängt man sich wieder
durch das Turmluk, um oben, sprungweise auf jeden Brecher lauernd, mit
Zirkel und Parallellineal zu arbeiten;
der Kartentisch sind die Knie, und
man hat das erhebende Bewusstsein,
seine Standlinien* in beständig
lauernder Stellung aufgenommen zu
haben.

Wie froh ist man unter solchen Ver-

* Standlinie ist eins der rechnerischen Elemente zur
Bestimmung des Schiffsorts.

hältnissen, einmal wieder bei ruhiger
See und klarem Wetter an Deck arbeiten zu können!

Auch dem Prüfungstauchen, das wir
nach Möglichkeit jeden Tag vornehmen,
kommt das schöne Wetter sehr zustat-
ten. Es klappt vorzüglich; wir können
mit Ruhe an die amerikanische Küste
herangehen, um sicher in die Drei-Mei-
len-Zone hineinzutauchen.

Bei diesem Prüfungstauchen erleben
wir ein wunderbares Schauspiel von
märchenhaftem Reiz.

Ich hatte das Boot so einsteuern lassen, dass der Turm etwa drei Meter unter Wasser war. Droben schien die
klare Sonne und erfüllte die Tiefe mit
hellem Schein. Das reine Wasser war
farbig erleuchtet, in der Nähe wie lichtes Azurblau von fabelhafter Klarheit
und durchsichtig wie Glas. Von den

Turmfenstern konnte ich das ganze
Boot sehen; umspielt von den blinken-
den Perlen der Luftblasen, die immer
aus dem Bootskörper entweichen, erstreckte sich das Deck bis hin zum Bug,
der in phantastischer Deutlichkeit noch
sichtbar war. Weiter voraus kam ein
farbiges Dämmern; es sah aus, als
schiebe sich der Bug lautlos in eine opal-
grüne Wand, die sich immer wieder
glitzernd zerteilte und in der Nähe zur
wesenlosen farbigen Durchsichtigkeit
wurde.

Wir waren wie gebannt von dem
fabelhaften Anblicke, dessen phantastische Wirkung noch dadurch erhöht
wurde, dass Quallen, in dem durchsichtigen Blau vorüberschwebend, sich
häufig in den Drähten des Geländers
vertakelten und dann rosafarben, blass-
gelb und purpurn aufleuchteten.

Fische konnten wir in der geringen Tiefe nicht beobachten.

Am nächsten Tage hatten wir ein kleines Erlebnis, das uns noch viel Spass machte, wenn es auch anders ausging, als wir erwarteten.

Mein Ehrgeiz war durch die mannigfachen Erfolge angespornt worden, die meine Kameraden von der Handels- und Kriegsmarine errungen hatten, indem sie durch Bemalung und sonstige geschickte Veränderungen der Aufbauten ihre Schiffe dem Feinde unkenntlich gemacht hatten.

Wir hatten uns in den vorhergehenden schönen Tagen eine wunderbare Dampferattrappe gemacht, um von in der Ferne passierenden Dampfern nicht als U-Boot erkannt zu werden. Aus Segeltuch hatten wir einen Schornstein fabriziert, der mit mehreren Drahtrin-

gen am Sehrohr zu befestigen war und
kühn in die Höhe ragen konnte. Für den
Turm war eine Umkleidung von Segeltuch vorgesehen, die das mittlere Aufbaudeck eines kleineren Frachtdam-
pfers vortäuschen sollte.

Dergestalt für alle Möglichkeiten
ausgerüstet, fuhren wir in herrlichstem
Sonnenschein dahin, bis eines Abends
siebeneinhalb Uhr an Steuerbord voraus ein Dampfer auftauchte. Wir erkennen bald, dass er ganz nahe an uns
vorbeikommen muss, wenn wir unseren
Kurs durchhalten. Wir halten deshalb
von ihm ab und gehen an die Erprobung
unserer Attrappe.

Der "Schornstein" wird am Sehrohr
vorgeheisst und bläht sich in seiner
stattlichen Grösse im Winde; um ihm
noch ein "echteres" Aussehen zu geben,
verbrennen wir an seinem unteren Ende

in Öl getränkte Putzbaumwolle. Ausserdem verschwindet der Turm unter dem etwas flatternden "Aufbaudeck".

Aber die pflichtvergessene Baumwolle schwelt nur abscheulich und will keinen Rauch von sich geben. Alles steht mit aufgeblasenen Backen darum herum und müht sich vergebens, bis der F.-Telegraphist, ein findiger Berliner, eine Luftpumpe herbeiholt und in unserem imaginären Dampfkessel eine gewaltige Glut entflammt. Ein Hurra belohnt seine Kunst, und — am oberen Rande des "Schornsteins" erscheint ein zartes Wölkchen, um sich alsbald in nichts aufzulösen.

Wir lachen und wollen schon rauchlos weiterfahren, da kommt der Bootsmann Humke mit einer Konservenbüchse voll Teer an. Die Luftpumpe tritt wieder in Tätigkeit, und endlich kann unser "Schornstein" als qualmend gelten.

Der Erfolg war jedenfalls verblüffend. Denn der Dampfer drüben ändert plötzlich seinen Kurs und — dreht hart auf uns zu.

Das war nicht gerade unsere Absicht; ich lasse sofort unsere Masten niederlegen und alles tauchklar machen; der Deckaufbau verschwindet, und mit tiefer Verbeugung sinkt unser Prachtschornstein in sich zusammen.

Kaum sieht das der Dampfer und erkennt das U-Boot, da erfasst ihn ein blindes Entsetzen. Er dreht wieder hart ab und beginnt zu fliehen, indem er dicke tiefschwarze Rauchwolken aufstösst, die wir nicht ohne einigen Neid erscheinen sehen.

Unverdrossen heissen wir jetzt unseren Schornstein von neuem vor, die

Masten gehen wieder hoch, und während unser Dampfer in wilder Flucht enteilt, stehen wir und lachen Tränen.

Die Komik der ganzen Situation war aber auch zu erschütternd.

Unsere schöne Attrappe, die uns unauffällig machen sollte, hatte uns wohl erst die Aufmerksamkeit des wackeren Dampfers zugezogen. Offenbar hielt er uns für ein Wrack oder ein sonst in Not befindliches Fahrzeug und kam vermutlich in der besten Absicht näher, um sich plötzlich vor der teuflischen Tücke eines heuchlerischen U-Bootes zu sehen.

Was die Leute an Bord wohl gedacht haben, als sie sich von ihrem ersten Schrecken erholt hatten? Sicher waren sie schliesslich riesig stolz darauf, dieser neuen List der "Piraten" geschickt entgangen zu sein.

Und wir wären so stolz gewesen, wenn

unsere Attrappe besser funktioniert
hätte.

Wir liessen uns aber nicht entmuti-
gen, sondern verbesserten unsere Erfindung mit dem Erfolg, dass wir zwei
Tage später an einem entgegenkommenden Dampfer unter gewaltiger Qualm-
entwicklung unerkannt vorbeidampf-
ten.

VIII

DIE HÖLLE

Der Juni ging allmählich seinem Ende zu und leider auch das gute Wetter.

Aufkommende südwestliche Dünung und das Ausbleiben der erhofften Mitströmung waren Zeichen eines im Süden den Lauf des Golfstroms entlangziehenden Sturmzentrums.

So fahren wir noch einen Tag.

Am Abend beginnt es schwül und drückend zu werden; hinter blutigroten Dunstschleiern geht die Sonne zögernd unter.

Drohend aussehende Luft und heftiges Wetterleuchten, dazu rasch wachsende feuchte Schwüle in der Atmos-

phäre verkünden die Nähe des Golfstroms. In der Nacht setzen masslos
heftige Gewitter ein, mit einem von
allen Seiten umspringenden Wind
und wild durcheinander laufender
See, die das Steuern merklich er-
schwert.

Messungen ergeben ein Zunehmen der
Wassertemperatur, die schliesslich bis
auf achtundzwanzig Grad Celsius
steigt.

Wir sind im Golfstrom, der seinen
Umkreis in der Luft über sich durch
einen feurigen Kranz von schwersten
Tropengewittern bezeichnet.

Starkes Meeresleuchten und heftige
atmosphärische Störungen sind weitere
Begleiterscheinungen des Stroms. Wir
merken das an unserem F.-L.-Apparat,
der durch die Spannungen der elektrisch überladenen Luft irritiert wird

Nahe Ansicht des Kommandothurms und Periskops

Die erste Autograph-Photographie nach Ankunft der "Deutschland"
in Amerika, unterzeichnet von Kapitän Paul König, Erster Offizier
F. W. Krapohl, Erster Ingenieur H. Klees

und zu streiken beginnt. Bis jetzt hat er uns jeden Tag die Heeresberichte der Station Nauen getreulich übermittelt.

Das Meeresleuchten behindert den Ausguck sehr stark; man ist manchmal geradezu geblendet, die Augen werden gereizt und der Blick unsicher gemacht durch das ständige Funkeln der Meeresoberfläche in der tiefschwarzen Nacht. Das ist nun sehr unangenehm, denn wir kommen jetzt in eine Gegend, wo sich viele Dampfertraks schneiden und doppelte Vorsicht am Platze ist.

Dazu wird das Wetter äusserst bösartig; grober Seegang kommt auf, schwere Hagelböen prasseln auf Deck und in die schäumenden aufgepeitschten Wogen, es weht mit Windstärke elf bis zwölf.

In der Runde über dem kochenden Meer hängen schwere schwärzliche

Wolkenballen, aus denen es unaufhörlich fahlgelb aufzuckt: ganze Breitseiten
von Blitzen. Dann rückte die Luft
draussen plötzlich in tiefschwarze
Nacht zurück, während auf Augenblicke das Boot und das umgebende
Wasser in grünlichem Lichte aufflammen, in allen Einzelheiten sichtbar . . .

Die ganze Atmosphäre ist in einem
brüllenden Aufruhr, es rollt über uns
mit einem einzigen, ununterbrochenen
Donnerkrachen, wir kommen in das
Zentrum: Ein Hexenreigen von Urweltsgewittern tost um das Boot, es ist
wie das Ende aller Dinge . . .

Plötzlich tauchen hinter uns die Topplaternen eines grossen Dampfers auf.
Wir können ihm in der dunklen Nacht
ungesehen aus dem Wege gehen. In
einiger Entfernung zieht er wie eine
leuchtende Erscheinung vorüber; es

Die Fahrt der Deutschland

ist ein Passagierdampfer, der, seinem Kurs nach zu schliessen, aus dem Mittelmeer kommt. Ich muss gestehen, wir blickten seinen Lichterreihen doch mit einer kleinen Regung von Neid — nach, bis ihn Regen und Dunkelheit wieder verschluckten.

Am nächsten Tag erreichte das Unwetter seinen Höhepunkt. Orkanartige Böen fegten daher, die Luft war von ständigem Gischt erfüllt. Das Wasser geht nicht mehr in Fäden nieder, es sind ganze Kaskaden, es sind Wände von Wasser, die da vor uns herunterstürzen und geradezu schmerzhaft auf Gesicht und Hände peitschen. Der Regen ist so dicht, dass man nicht mehr gegen ihn sehen kann. Um nur ein wenig Umschau zu gewinnen, muss man eine kleine Glasscheibe vors Auge halten, mit dem Ergebnis, dass ein kleiner Sturzbach von der Scheibe in den Ärmel geweht wird.

Das Boot arbeitet ausserordentlich schwer in der tobenden See. Die Wogen werfen es hin und her, dass es in allen Verbänden kracht; manchmal holt es so über, dass man sich mit der einen freien Hand kaum noch an der Brüstung der "Badewanne" halten kann.

Es ist ein Inferno.

Aber es ist nichts gegen die Hölle dort unten im Boot, besonders in der Maschine.

Bei der wilden See müssen natürlich alle Luken geschlossen sein; auch das Turmluk kann nur zeitweise offengehalten werden. Wohl arbeiten zwei grosse Ventilationsmaschinen unaufhörlich. Aber die frische Luft, die sie aus dem sorgfältig vor Brechern geschützten

Ventilationsschacht nach unten saugen, wird von den gierigen Dieselmotoren sofort verschlungen. Die gefrässigen Ungeheuer geben voll Undank dafür nur Hitze ab, schwere lastende Hitze mit fürchterlichem Öldunst geschwängert, die nun von den Ventilatoren im Kreislauf durch alle Räume gepeitscht wird. Erfrischung kann solche Ventilation nicht mehr bringen.

Die Luft im Boot ist dabei bis zu einem phantastisch hohen Grad mit Feuchtigkeit gesättigt. Man glaubt gar nicht mehr in ihr atmen zu können und sieht resigniert oder mit Galgenhumor dem Moment entgegen, wann man eigentlich zum Fisch werden müsste. Bei geschlossenen Luken sammelt sich in dem abgesperrten Schiffskörper überall Schweisswasser an, das in der Wärme wieder verdunstet, alles durchfeuchtet und schimmeln lässt. Alle Schubfächer und die Türen der Schränke quellen auf und klemmen; dazu kommt das nasse Zeug, mit dem die Wachhabenden vom Turm kommen und das nun das ganze Boot verpestet.

Man kann sich gar keinen Begriff machen von der Atmosphäre, die so allmählich entsteht, von der Höllentemperatur, die in dem Boote brütet.

Wir hatten im Golfstrom eine Aussentemperatur von achtundzwanzig Grad Celsius. So warm war schon das uns umgebende Wasser. Frische Luft kommt nicht mehr herein, und im Maschinenraum hämmern in rasendem Viertakt zwei sechszylindrige Verbrennungsmotoren. Die Kraft ihrer Explosionen schleudern sie in die wirbelnden Kurbelwellen, mit glühendem Atem krachen die verbrannten Gase zur Aus-

pufföffnung hinaus, aber die Glut der
unaufhörlichen Verbrennungen bleibt
in den Zylindern und teilt sich der ganzen öltriefenden, stählernen Umgebung
mit; eine atembeklemmende Wolke von
Hitze und Öldunst geht von den Maschinen aus und verbreitet sich lastend
durch alle Räume.

Die Temperatur stieg in diesen Tagen
bis auf dreiundfünfzig Grad Celsius.

Und in einer solchen Hölle lebten und
arbeiteten Menschen. Stöhnend wälz-
ten sich die nackten Freiwächter in
ihren Kojen; an Schlaf war kaum zu
denken, und wenn einer gerade daran
war, in ein dumpfes Hindämmern zu
versinken, dann weckte ihn der über die
Stirn unaufhürlich in die Augen rin-
nende Schweiss zu neuer Qual.

Fast wie Erlösung scheint's, wenn die
acht Stunden Ruhe vorüber sind und

die neue Wache in die Zentrale oder in die Maschine ruft.

Nun aber geht das Martyrium erst an. Nur mit Unterhemd und Hose bekleidet stehen die Leute auf ihren Posten, um die Stirn ein Tuch gebunden, das den rinnenden Schweiss von den Augen fernhalten soll. Das Blut glüht und rast in den Schläfen, wie Fieber kochts in allen Adern; nur mit höchster Willensanspannung gelingt es, den schweissüberströmten Körper zu mechanischer Dienstleistung zu zwingen und sich die vier Stunden Wache aufrechtzuhalten . . .

Aber wie lange noch wird das auszuhalten sein?

Ich habe in jenen Tagen kein Tagebuch mehr geführt und finde nur die Aufzeichnung: "Höher darf die Temperatur nicht mehr steigen, wenn es die

Leute im Maschinenraum noch aushalten sollen.''

Aber sie haben es ausgehalten, sie bleiben aufrecht wie Helden, sie taten ihren Dienst, erschöpft, glühend und schweissbedeckt, bis das Sturmzentrum hinter uns lag, bis es draussen aufklarte, bis die Sonne durch die Wolken brach und der abnehmende Seegang gestattete, die Luken wieder zu öffnen.

Dann stiegen sie herauf aus ihrer Hölle, bleich, öltriefend und schmutzbedeckt kamen sie ans leuchtende Tageslicht und freuten sich der Sonne, als schiene sie ihnen zum ersten Male.

IX

AMERIKA

Während wir auf dem Atlantik den uns entgegenkommenden Dampfern bei günstigem Kurse über Wasser auswichen und es darauf ankommen liessen, hin und wieder einmal gesehen zu werden, tauchten wir die letzten Tage ohne Ausnahme, sobald sich nur eine Rauchwolke am Horizont zeigte. Wir wollten beim Ansteuern der Küstengegend auf keinen Fall gesehen werden, da wir mit der Anwesenheit feindlicher Kriegsschiffe rechnen mussten.

Am achten Juli hatten wir unter Tags schon an der Farbe des Wassers gemerkt, dass wir dem Ziel unserer Reise nicht mehr fern sein konnten.

Die Fahrt der Deutschland

Im Laufe des Nachmittags beriet ich mich mit meinen beiden Offizieren über die Ansteuerung von Kap Henry, des südlichen der beiden Vorgebirge, die den Eingang der Reede von Hampton Road und zur Chesapeake-Bay bilden.

Ich war der Ansicht, in tiefem Wasser auf zirka zehn Seemeilen Abstand von der amerikanischen Hoheitsgrenze das Morgengrauen abzuwarten und mich dann zu vergewissern, ob nicht feindliche Massnahmen getroffen worden waren. Für den Fall, dass von unserer Reise doch Bestimmtes in die Öffentlichkeit durchgesickert war, mussten wir unbedingt mit solchen Massnahmen rechnen.

Krapohl dagegen schlug vor, unter dem Schutze der Nacht gerade möglichst nahe an die Küste heranzufahren, und wurde in dieser Ansicht von Eyring unterstützt.

Beide Pläne hatten ihr Für und Wider, und so bestimmte ich, zunächst in der Abenddämmerung vorsichtig weiterzufahren und abzuwarten, wie die Witterungsverhältnisse sein würden.

Die Entscheidung brachte bald darauf eine aufkommende steife Südwestbrise, die uns gute Sichtweite verschaffte, was zuvor in der diesigen Sommerluft nicht der Fall gewesen war. Zugleich aber versetzte uns die Brise in ein starkes Schlingern, das sich bei der aufgekommenen steifen und kurzen See höchst unangenehm bemerkbar machte. Wir beschlossen daher kurzerhand, auf Grund der kurz vorher genommenen guten astronomischen Beobachtungen, den Feuern von Kap Henry und Kap Charles in der Nacht noch anzusteuern.

Die Fahrt der Deutschland

Wir fuhren also weiter, bis sich nach nicht allzulanger Zeit ein blasser Schein ruckweise am Horizont heraufschob und wieder verschwand.

Das war der Schein des Blitzfeuers von Kap Henry, der erste Gruss Amerikas.

Plötzlich tauchte am Steuerbord voraus ein weisses Licht auf, das gleich wieder verschwand und dann noch mehrmals aufflackerte. Gleich darauf erschien auch an Backbord ein weisses Licht, das aber festblieb.

Wir sahen uns an.

Alle Teufel, was ist das? Das sah verflucht danach aus, als ob abgeblendete Kriegsfahrzeuge sich Lichtsignale gäben.

Auf alle Fälle hiess es höllisch aufpassen.

Mit halber Kraft, bis an den Turm im

Wasser, alle Mann auf Tauchstationen, schlichen wir unter schärfster Beobachtung näher, mit unseren Gläsern in die Dunkelheit bohrend.

Es dauerte nicht lange, da stellte sich heraus, dass das feste Licht die Topplaterne eines ausfahrenden harmlosen Dampfers war, der schon ziemlich entfernt achtern von uns vorbeilief. Bald darauf konnten wir dann auch an der Stelle des Flackerlichts die Umrisse der Segel eines Dreimastgaffelschoners ausmachen, der nach Art vieler Küstenfahrzeuge ohne Seitenlicher fuhr und nur von Zeit zu Zeit am Heck ein weisses Licht zeigte. Das hatten wir für das Signalisieren von Kriegsschiffen gehalten.

Erleichtert liess ich die Maschine grosse Fahrt vorausgehen, und bald bekamen wir auch den Schein des festen

Feuers von Kap Henry in Sicht, während das Zucken des Blinkfeuers von Kap Charles immer deutlicher am Horizont aufleuchtete.

Nun wussten wir, dass wir richtig angesteuert hatten; die Einfahrt zwischen den beiden Vorgebirgen lag vor uns.

Bald kamen auch die Feuer selbst über die Kimm; mit einem unbeschreiblichen Gefühl im Herzen begrüsste ich das Blitzfeuer von Kap Charles, das mir mit seinen unermüdlichen Lichthieben inmitten der uns umgebenden dunklen Unendlichkeit ein schweigendes aber untrügliches Zeichen für die Gewissheit war: Dort drüben liegt nach langer gefahrvoller Fahrt endlich festes Land, liegt unser Ziel, liegt das grosse Amerika.

Wir passierten nun die allmählich auftauchenden Leuchtbojen des Fahrwassers, und das mir von meinen früheren Fahrten wohlbekannte Heulen der nahe dabeiliegenden Heulboje gab mir auch durch das Gehör das Gefühl von der Nähe des festen Landes.

Nachdem wir auch die Heulboje passiert hatten, tauchten wir ganz auf. Wir sahen nun die Lichter mehrerer Passagierdampfer, von denen wir aber nicht entdeckt wurden, da wir noch abgeblendet fuhren, bis wir Kap Henry quer ab und die amerikanische Hoheitsgrenze erreicht hatten.

Das war am achten Juli, nachts elf Uhr dreissig.

Innerhalb der amerikanischen Hoheitsgrenze setzten wir Lichter und fuhren ruhig in die Einfahrt zwischen den Kaps, bis wir vor uns die rotweissen Topplichter des Lotsendampfers ausmachten.

DIE LETZTE PHOTOGRAPHIE DER "DEUTSCHLAND," ALS SIE BALTIMORE VERLIESS

Die Fahrt zum Ozean durch Chesapeake Bai

DIE SCHÖPFER DES UNTERSEE-FRACHTDIENSTES

DIREKTOR ZETZMANN
Erbauer
der "D utschland"

ALFRED LOHMANN
Gründer
der Deutschen Ozean-Reederei

Wir stoppten und zeigten das übliche Blaufeuer, worauf der Lotsendampfer sofort seinen Scheinwerfer auf uns richtete und, da er keine Umrisse eines Dampfers erkennen konnte, vorsichtig näher kam.

Er beleuchtete uns lange, und immer wieder tastete der Lichtarm des Scheinwerfers über das niedrige Deck und den Turm der "Deutschland."

Der unerwartete Anblick unseres Bootes schien den braven Lotsenkapitän so verblüfft zu haben, dass es eine gute Weile dauerte, bis aus dem Sprachrohr seine Frage kam:

"Where are you bound?"

(Wohin sind Sie bestimmt?)

Auf unsere Antwort "Newport News," fragte er nach dem Namen unseres Schiffes; wir nannten den Namen, aber es brauchte eine zweimalige Wie-

derholung, bis man drüben erfasste,
welch seltsamen Besuch man vor sich
hatte. Dann muss es auf dem Lotsendampfer eine grosse Sensation gegeben
haben.

Mit grosser Schnelligkeit kam ein
Boot auf uns zu und als der Lotse über
den runden Bauch der "Deutschland"
auf unser Deck geklettert war, begrüsste er uns mit folgenden, aus tief-
stem Herzen kommenden Worten:

"I'll be damned; there she is!"

(Verflucht noch mal, da ist das
Boot!)

Dann schüttelte er uns immer wieder
voll Treuherzigkeit die Hände und gab
seiner ehrlichen Freude Ausdruck, der
erste Amerikaner zu sein, der "Deutschland" im Lande der Freiheit begrüsste.

Ich fragte den Mann sogleich, ob ihm

etwas bekannt geworden sei, dass wir er-
wartet würden. Zu meiner freudigen
Überraschung erfuhr ich dann, dass sich
schon seit ein paar Tagen zwischen den
Kaps ein Schlepper aufhalte, der wohl
mit uns zu tun haben werde.

Wir fuhren nun mit unserem wackeren Lotsen sogleich los, um den ange-
kündigten Schlepper zu suchen.

Inzwischen hatten auch die einfah-
renden Passagierdampfer den seltsamen Ankömmling entdeckt und beleuchteten uns von allen Seiten mit ihren
Scheinwerfern. So wurde unsere Ankunft in den amerikanischen Gewässern
zu einem phantastischen Nokturno.

Das Suchen nach unserem Schlepper
war aber gar nicht so leicht in der Dunkelheit; wir suchten lange herum, bis
wir ihn endlich nach zwei Stunden gefunden hatten.

Es war der Schlepper "Timmins" unter der Führung des Kapitän Hinsch vom Norddeutschen Lloyd.

Nun war die Freude gross.

Ganze zehn Tage hatte der wackere Kapitän Hinsch, dessen Dampfer "Neckar" seit Kriegsbeginn in Baltimore lag, zwischen den Kaps auf uns gewartet.

Unser langes Ausbleiben hatte Hinsch übrigens schon mit banger Sorge um unser Schicksal erfüllt.

Nun war er selig, seinen sehnlichst erwarteten Schützling heil vor sich zu sehen. Er übermittelte uns zunächst die Order, statt nach Newport News nach Baltimore zu gehen, wo alles schon für unsere Ankunft bereit sei.

Wir gaben deshalb unseren biederen Newport News Lotsen wieder von Bord und fuhren, vom "Timmins" geleitet, die Chesapeake-Bay hinauf, nachdem wir stolz die deutsche Flagge geheisst hatten, die damit seit der Ankunft des "Eitel Friedrich" vor Hampton Road zum erstenmal wieder in diesen Gewässern flatterte.

So gings im Morgengrauen in die Bai hinein. Unsere Fahrt wurde allmählich zu einem Triumphzug. Alle begegnenden neutralen Dampfer, amerikanische und andere, begrüssten uns mit dreimaligem Tuten von Dampfpfeifen und Sirenen. Nur ein englischer Dampfer fuhr in giftigem Schweigen an uns vorbei, während wir die schwarz-weiss-rote Flagge stolz im Winde flattern liessen. Dabei passte Kapitän Hinsch mit seinem Schlepper höllisch auf, dass der Engländer nicht etwa ein wenig aus dem Ruder lief und uns aus Versehen rammte.

Auch sonst war der brave "Timmins" uns behilflich. Wir konnten die Begrüssungen der Dampfer nur mit unseren durch die kostbare Pressluft betriebenen Sirenen beantworten. Das wäre allmählich ein teuerer Spass geworden, und so übernahm es der "Timmins" mit seiner dicken Dampfpfeife für uns zu danken.

Je weiter wir die Bai hinaufkamen, desto toller wurde der Lärm; wir freuten uns von ganzem Herzen darüber, denn man fühlte daraus deutlich die Sympathien der Amerikaner für uns und unsere Fahrt.

Nachmittags gegen vier Uhr konnte der "Timmins" vorsichtig längsseits kommen; wir bekamen — einen Block Eis herübergereicht, rasch wurden ein paar Flaschen Sekt gekühlt und stolz stiessen wir auf die glückliche Ankunft der "Deutschland" in Amerika an, wobei wir nur bedauerten, dass unserem getreuen Hinsch nur die Pfropfen an Bord flogen.

Welchen Genuss das Eis und das erste kalte Getränk für uns bedeutete, kann übrigens nur ermessen, wer sich vorstellen kann, was es heisst, tagelang in einer Temperatur von dreiundfünfzig Grad Celsius gelebt zu haben.

Das Gerücht von unserer Ankunft musste sich ungeheuer rasch verbreitet haben, denn zu unserer nicht geringen Überraschung kamen uns stundenweit vor Baltimore Boote mit Reportern und Kinomenschen an Bord entgegen. Obgleich es schon zu dämmern anfing, wurden wir noch heftig aufs Korn genommen; vermutlich hätten wir auch noch unendlichen Fragen und Anrufen standhalten müssen, wenn uns nicht der

Die Fahrt der Deutschland

Wettergott der Chesapeake-Bai, gastfreundlich auf unsere Ruhe bedacht, zu Hilfe gekommen wäre. Ein heftiges Gewitter brach los, statt der Flut von Fragen ergoss sich kühlende Regenflut über uns braungebrannte Seefahrer, und bald zog die "Deutschland," von ihrem getreuen "Timmins" begleitet, wieder einsam und schweigend durch den hereinbrechenden Abend ihrem Endziele zu.

Um elf Uhr nachts stoppten wir bei der Baltimore Quarantänestation, und unser Anker rasselte zum erstenmal in amerikanischen Grund.

"U-Deutschland" war angekommen.

X

BALTIMORE

Unser erster Blick in der Frühe des nächsten Morgens fiel auf den braven dicken "Timmins," der längseits von uns festgemacht hatte; da lag er, der Getreue, und bewachte uns.

Bald darauf, schon um fünf Uhr, kam der Arzt der Quarantänestation. Ich übergab ihm sogleich das Gesundheitsattest, das uns am dreizehnten Juni von Herrn William Thomas Fee, dem amerikanischen Konsul von Bremen, ordnungsgemäss ausgestellt worden war. Dann überholte der Arzt das Boot und gab uns frei, nachdem er die Leute gemustert hatte. Schliesslich brachte er drei Hurras aus auf die "Deutschland" und ihre Besatzung.

Die Fahrt der Deutschland

Dann gings Anker auf, und wir fuhren unter der Führung vom "Timmins" nach unserem Lösch- und Liegeplatz bei Locust-Point.

Sicherer konnte kein Boot fahren, als wir unter dem Schutze des "Timmins" und der vielen Fahrzeuge, die von den Filmgesellschaften gemietet waren und in einem Schwarm unsere "Deutschland" umgaben. Auf jedem Boot standen fünf bis sechs Mann schussbereit mit ihren Apparaten und suchten uns durch ermunternde Zurufe in wirkungsvolle Posen zu dirigieren, wie es sich für Kinoaufnahmen geziemt:

"Show your face, Cap!"

(Lassen Sie Ihr Gesicht sehen, Kapitän!)

"Turn your head around!"

(Wenden Sie etwas den Kopf, bitte!)

Wave your hand!"

(Winken Sie mit der Hand!) und ähnliche Rufe mehr ertönten von allen Seiten, und dabei kurbelten die Kerls wie toll drauflos.

Ich stand auf dem Turm und schaute nach links, schaute nach rechts, winkte mit beiden Händen, und eine Aufforderung zum Lachen war nicht nötig, denn das Treiben der Filmleute war unsagbar belustigend.

So kamen wir in der fröhlichsten Stimmung an unserem Löschplatz bei Locust-Point an.

Hier hatte unser Kapitän Hinsch in wochenlanger Arbeit vorgesorgt. Die "Deutschland" fand einen so sicheren Platz vor, war durch Balken und Netzsperren vor jeder fremden Annäherung so geschützt, dass ihr nach menschlichem Ermessen überhaupt nichts passieren konnte.

Die Fahrt der Deutschland

Wir lagen an einer in den Strom hinausgebauten Holzpier, in Deckung eines grossen Schuppens, in dem die für uns bestimmten Güter schon aufgestapelt waren. Die Gegend dort war so abseits gelegen, dass die Wegverbindung von der Pier bis zur nächsten guten Strasse erst hergestellt werden musste.

Die ganze Anlage war nach der Landseite zu durch einen grossen Graben und ein Stacheldrahtverhau abgesperrt.

Im Strom selbst war die "Deutschland" auf der einen Seite durch die Pier und den N.-D.-L.-Dampfer "Neckar" geschützt, der seit Kriegsbeginn in Baltimore lag und uns nun als Wohnschiff diente. Man konnte von ihm immer gut unser Boot übersehen.

Auf der anderen Seite war, die "Deutschland" umgebend, ein ganzes System von grossen Balken ausgelegt mit schweren Netzen, die bis zum Grund reichten, so dass es selbst einem Taucher nicht gelingen konnte, an das Boot heranzukommen. Ausserdem lagen Tag und Nacht mehrere Wachboote klar, darunter der "Timmins," der während der Nacht mit seinem kleinen Scheinwerfer die ganze Gegend unermüdlich absuchte.

Dabei gab es ergötzliche kleine Zwischenfälle.

Damit nämlich die Entladungs- und Beladungsarbeiten an der "Deutschland" unbeobachtet vor sich gehen konnten, war aussen um den Lagerschuppen noch ein hoher Palisadenzaun errichtet worden, der jede Aussicht auf Schiff und Ladeplatz unmöglich machte.

Die einzige Gelegenheit nun, einen Blick auf das Wunderboot, wenn auch aus ziemlicher Entfernung, tun zu kön-

nen, bot eine im Strom verankerte Ramme, die alsbald von den Zeitungsrepor-
tern als Beobachtungsposten benutzt
wurde. Hier nisteten sie sich ein, liessen uns nicht aus den Augen und gingen ganz regelrecht Wache. Tag und
Nacht sassen immer zwei Mann oben
auf dem schwanken Rammgerüst in
aufopfernder Ausübung ihres Berufes.

Aber auch bei uns ist man auf dem
Posten. Und nachts, bei dem Wache-
wechsel drüben auf der Ramme, macht
sich der Scheinwerfergast des "Timmins" den Spass, blitzt hinüber und
leuchtet als höflicher Mann den Herren
auf ihrem beschwerlichen Weg. Während sie vorsichtig vom Gerüst herun-
terklettern, werden sie einzeln abge-
leuchtet, hübsch einer nach dem anderen, wie Spinnen mit der Taschenlampe,
zwei in der Minute.

AUF DER

Enthusiastischer Empfan;

BREMEN
hrenden ''Deutschland''

Die Fahrt der Deutschland

Im übrigen hatte unser wackerer Kapitän Hinsch einfach für alles gesorgt, vom Empfang und dem sicheren Geleit bis zu unserer Unterbringung und Verpflegung auf der "Neckar."

Über diesen Dampfer allein ging auch der Zugang für die wenigen Bevorzugten, denen gestattet wurde, die "Deutschland" wenigstens von aussen zu sehen. Ein Besuch des Bootes war sonst strikt verboten. An sich hätten wir unser Wunderschiff ja gern jedermann gezeigt. Mit Rücksicht aber auf die Gefahr eines Attentats, die dem ersten deutschen Handels-Unterseeboot aus einem allgemeinen Besuch erwachsen konnte, durften wir von unserer prinzipiellen Weigerung nicht abgehen; und so mussten Hunderte von Amerikanern, die mit Automobilen, oft von weither, selbst aus dem Westen, gekom-

men waren, zu unserem eigenen Be-
dauern unverrichteter Dinge abziehen.

Nur die Filmgesellschaften kamen etwas auf ihre Rechnung. Ich erfüllte
ihren Wunsch, die ganze Besatzung
beim ersten Betreten amerikanischen
Bodens verewigen zu lassen und liess
mich draussen mit all meinen Leuten in
einer stolzen Gruppe aufnehmen.

Meine erste Fahrt in die Stadt glich
einem Triumphzuge. Überall musste
das Auto halten, von allen Seiten wurde
ich beglückwünscht, und jeder wünschte
mir die Hand zu drücken. Ich wurde
die ersten Tage in Baltimore zu einer
Art Verkehrshindernis.

So gings langsam zur Agentur des
N.D.L., die von Menschenmassen um-
lagert war.

Zunächst mussten die notwendigen
Einklarierungsarbeiten gemacht wer-

den. Ich begab mich zu den Zollbehör-
den und machte die üblichen Besuche;
überall wurde ich froh und herzlich begrüsst.

Dann gings zur Agentur zurück, und
nun widmete ich mich mit seemännischer Entschlossenheit der Presse. Ich
stand in der Agentur hinter einer
Schranke, hinter der Bar des Kajüt-
büros, vor der sich eine ungezählte
Menge drängte. Ich war ganz allein
und hielt Hunderten von Menschen
stand, Männern und Frauen, von denen
jeder etwas besonderes wissen wollte,
jeder mich etwas fragte, vom unbedeu-
tendsten Persönlichen bis zur höchsten
Politik.

Eine Dame rief: *"Tell me, captain,
what is it like in a submarine?"* . . .
eine andere fragte voll Mitgefühls:
"Is it true, Captain, that in Germany

the babies are starving for want of milk?" . . ., während ein wohlgenährter Herr sein Interesse bekundete mit der Frage: *"Say, captain, on what did you live?"* . . .

Häufig wurde auch gefragt, *"What do you know about the Emperor's message you brought over for Mr. Wilson?"* Worauf ich ebensowenig Auskunft geben konnte wie auf die Frage: *When do you think to leave Baltimore?"*

Auf alle diese Fragen und noch hundert mehr sollte ich mit meiner armen Stimme allein antworten. Ich stand da wie ein Wellenbrecher, die Flut brandete um mich, stieg höher und höher, und mein geistiges Ich wurde verschlungen, um schon am nächsten Tage hübsch stückweise in der Presse eines ganzen Erdteils wieder aufzutauchen.

Mein Körper aber folgte ein wenig

müde einer Einladung in den deutschen Klub, wo wir in rein deutschem Kreise unsere Ankunft feierten und mit Stolz und Liebe des kämpfenden Vaterlandes daheim gedachten.

. . . .

Die folgenden Tage sollten für uns zu einem fortwährenden Fest werden. Nur wer amerikanische Gastlichkeit und amerikanischen Enthusiasmus kennt, kann sich eine Vorstellung machen, wie herzlich wir überall aufgenommen wurden. Die Menschen waren einfach aus dem Häuschen; es tat einem im innersten Herzen wohl, zu sehen, mit welch aufrichtiger Sympathie alle Amerikaner unsere Fahrt und glückliche Ankunft empfanden, und wie diese Sympathie in rückhaltloser Begeisterung zum Ausdruck gebracht wurde.

Wo wir hinkamen, wurden wir stür-

misch begrüsst; man schüttelte uns die
Hände, sang die Wacht am Rhein und
überliess sich wilden, begeisterten Ova-
tionen. Es regnete Einladungen für Offiziere und Mannschaften, Feste und Par-
tien wurden für uns veranstaltet, und
als einmal meine zwei Wachoffiziere mit
einem Bekannten in einem grossen Gar-
tenlokal erkannt wurden, brach die
Konzertmusik ab, ein Scheinwerfer
wurde auf die Herren gerichtet, und unter allgemeinem Jubel spielte die Kapelle die Wacht am Rhein und die
amerikanische Hymne.

Während so die private Bevölkerung
aus allen Kreisen uns ihre Sympathie
für unsere Fahrt und für die "Deutschland" rückhaltlos zu erkennen gab, hatte auch die amerikanische Regierung
offiziell Stellung zu der Frage genommen, ob unser Boot als reines Handels-

schiff anzusehen sei, oder ob ihm, wie
der nachdrückliche Protest des englischen und französischen Botschafters
betonte, in seiner Eigenschaft als U-
Boot ohne weiteres Kriegsschiffcharak-
ter zukomme.

Am zwölften Juli kam aus Washington eine Regierungskommission von
drei amerikanischen Marineoffizieren,
die unsere "Deutschland" aufs ge-
naueste zu inspizieren hatte. Da keinerlei Bewaffnung oder auch nur Vorrich-
tungen zur Anbringung einer solchen an
Bord waren, konnten wir den Herren
ruhig alles zeigen.

Nach einer dreistündigen Untersuchung, die durch alle Winkel und
Räume führte und bei dem Herumkrie-
chen in dem glühend heissen Boot den
Beteiligten manchen Schweisstropfen
kostete, bestätigte die Kommission den

reinen Handelsschiffcharakter von "U-Deutschland." Die Herren hielten mit ihrer Bewunderung für die geniale Konstruktion des ganzen Bootes nicht zurück und betonten vor allem den verblüffenden Eindruck, den der komplizierte Mechanismus aller Maschinerien auf sie gemacht hatte.

Zu Ehren der ganzen Besatzung veranstalteten die zahlreichen Deutsch-Amerikaner Baltimores ein deutsches Fest zum Besten des Roten Kreuzes. Es wurde im "Cannstätter Park," einem grossen Volkspark bei Baltimore, gefeiert, mit Schiessbuden, Würstelbuden, offener Bühne, Tanzboden und sonstigen Belustigungen im Freien. Ich muss sagen, unsere Leute bewährten sich hierbei auch auf dem festen Lande. Sie liessen wacker hofieren und waren nicht blöde. Als es zum Tanzen kam, stellten sie ordentlich ihren Mann, und ein paar fixe Kerls tanzten mit den Damen des Festgebers, als wären sie das immer so gewohnt gewesen.

Das Ganze war für uns sagenhafte Seefahrer eine einzige Ovation voll überströmender Herzlichkeit. Hunderte umringten uns, liessen uns immer wieder hochleben und wollten mit jedem von uns gesprochen haben.

Besonders auf mich hatten sie es dabei abgesehen; ich sollte einfach allen Festteilnehmern die Hände drücken; darauf konzentrierte sich schliesslich das allgemeine Verlangen.

Das Problem war nicht ganz leicht zu lösen. Mit nicht geringer Verlegenheit blickte ich um mich und sah auf die ungezählten Hände, die sich mir entgegenstreckten, auf die Menge freudig erreg-

ter Menschen, die sich rund um mich
schob und drängte.

Endlich wurde folgender Ausweg gefunden: ich wurde in ein Komitee-Auto-
mobil gepackt, und die Menge wurde
durch Festordner in Gestalt von Polizis-
ten an mir vorbeigeleitet, so dass ich
jedem im Vorbeigehen einen Hände-
druck geben konnte. Diese Prozession
dauerte über anderthalb Stunden, während deren ich unausgesetzt Hände-
drücke verteilte. Ich wundere mich
noch heute, dass ich meine beiden
Hände heil an den Armen behalten
habe.

Am zwanzigsten Juli erhielt "U-
Deutschland" den Besuch des deutschen
Botschafters Grafen Bernstorff, der
mit einigen Herren vom Sommersitz der
Botschaft nach Baltimore gekommen
war. Stolz zeigten wir unser treues

Boot, dessen Besichtigung im Treiben der schon vor sich gehenden Beladung und bei der furchtbaren Hitze kein reines Vergnügen war.

Am Abend desselben Tages fand dann beim Bürgermeister von Baltimore zu Ehren der Anwesenheit des deutschen Botschafters ein offizielles Diner statt, dem mittags ein Essen im kleinen Kreise im Germania Club House vorangegangen war. Das Fest beim Bürgermeister, einem äusserst liebenswürdigen Herrn, trug einen ausschliesslich politischen Charakter und war nur von Politikern und offiziellen Persönlichkeiten besucht. Es gab eine lange Reihe von ausgezeichneten Gängen und ebensolchen Getränken, und nach amerikanischer Sitte wurden am Schluss mit dem Erscheinen der unendlichen Drinks eine Anzahl

Speeches gehalten, in denen die Ankunft der "Deutschland" in Amerika und die Bedeutung dieses Ereignisses für die Stadt Baltimore und für die deutsch - amerikanische Freundschaft gefeiert wurde.

Dann erschien im Garten die Stadtkapelle und intonierte die Wacht am Rhein und die amerikanische Hymne, während die deutsche Flagge mit der amerikanischen gekreuzt entfaltet wurde.

Das war ein hübsches Verständigungs- und Freundschaftssymbol für die beiden Völker, deren beider Interessen in der Freiheit der Meere liegen.

. . . .

Während all diese Festlichkeiten vor sich gingen und unsere Abende fast ständig in Anspruch nahmen, war die Entladung unseres Bootes schon beendet worden, und die Beladung hatte begonnen.

Es ist dies ein ganz besonderes Kapitel.

Die Herren Paul G. L. und H. G. Hilken, die Vertreter des N. D. L. in Baltimore, hatten dabei das Menschenmöglichste getan, um diesen recht delikaten Teil unserer Aufgabe zu erleichtern und zu sichern.

Sie hatten nicht nur in aller Stille die nötigen Erwerbungen der Güter unserer Rückfracht gemacht, hatten die Waren schon verladungsbereit in dem Schuppen auffahren lassen — es war ein recht ansehnlicher Stapel, bei dessen Anblick sich wohl mancher zweifelnd fragte, wie diese Menge in einem U-Boote Platz haben sollte—, sie hatten uns auch das nötige und besonders geartete Lader- und Stauerpersonal besorgt.

Die Fahrt der Deutschland

Sämtliche Arbeiten am Boot auf dem Löschplatz wurden nämlich von Negern gemacht, bei denen auf eine möglichst geringe Ausbildung jeglicher Beobachtungsgabe und sonstiger geistiger Fähigkeiten gesehen wurde. Ausserdem wurdem die Neger vor Beginn der Arbeit jedesmal genau untersucht, wobei sie sich vollständig ausziehen mussten, damit das Boot vor allen Attentaten geschützt war.

Die Entlöschung vollzog sich ohne weitere Schwierigkeiten.

Für den, der das Löschen der grossen Dampfer gewohnt war, bot sich allerdings ein eigenartiges Bild. Während sonst grosse Ladebäume, Dampfwinden und hydraulische Kräne unter Gepolter, Stossen und Zischen aus dem dunklen Schiffsbauch langsam die schweren Stückgüter heraufholen, Arbeiter und

Die Fahrt der Deutschland

Aufseher mit fremdartigem Geschrei an riesigen gähnenden Luken stehen, waren hier zwei kleine hölzerne Ladebäume an den gewöhnlichen U-Bootsluken aufgerichtet und taten mit ihren zierlichen elektrischen Winden schnelle Arbeit. In kleinen Säcken und Kisten kam es ans Tageslicht gesaust, lautlos und flink, fast wie auf dem Puppentheater. Eine solche Löschung im U-Boot-stil hat wirklich etwas Miniaturhaftes.

Um so mehr musste man staunen, wenn man dann am Kai liegen sah, was alles aus dem unscheinbaren grauen Walfischrücken durch die engen Luken heraufgeholt worden war.

Schwieriger war die Beladung; für die musste vorher eine genaue Berechnung durch unseren Fachmann und "U-Boots-Beladungsspezialisten," Schiffsbauingenieur Prusse von der Germania-

Werft, vorgenommen werden. Denn jedes Kilogramm der doch verschieden schweren und verschiedenen Rauminhalt einnehmenden Ladung musste an seinem genau berechneten Platz sorgfältig verstaut werden, um den Trimm des ganzen Fahrzeugs nicht ungünstig zu beeinflussen.

Eine genaue Verstauung war auch insofern sehr wichtig, da der ganze Laderaum doch immerhin beschränkt war, und jede Kiste, jeder Sack usw. fest an ihrem Platz liegen mussten. Sonst mochte es bei Sturm, bei plötzlichem Schnelltauchen mit starker Neigung oder anderen Zufällen die unangenehmsten Überraschungen geben, die unser sicheres Manövrieren in Frage stellen konnten.

Eine solche Beladung ist darum recht zeitraubend. Die ganze Fracht, Säcke und Kisten, musste nämlich durch die engen Luken von Hand durch Neger gebracht werden. Die Güter gingen vorher noch Stück für Stück einzeln über eine Wage, der Wiegemeister notierte und rief die Gewichtszahlen aus, die dann in besonderen Tabellen eingetragen wurden.

Diesen Tabellen entspricht ein eigener theoretischer Plan, nach dem die ganze Verstauung genau ausgeführt wird, und die Richtigkeit dieses Plans wurde dann durch einen Tauch- und Trimmversuch nachgeprüft, für den wir am Liegeplatz gerade genug Wassertiefe hatten.

Zu diesem Zwecke standen alle Leute wieder an ihren Tauchstationen, die Tauchtanks wurden langsam geöffnet, und so viel Wasser in das Boot geflutet, dass es Schwimmlage hat, während das

Turmluk noch eben über Wasser ist.

In dieser Lage wird der Bootskörper durch verschiedenes Belasten der beiden Trimmtanks zum Pendeln gebracht, aus dem man erkennen kann, ob die Gewichte im Boote richtig verteilt sind. Erscheinen noch Gewichtsverschiebungen nötig, so gilt es, die Ladung dementsprechend umzustauen. Ein letzter Tauch- und Trimmversuch muss dann ergeben, dass die Belastung des ganzen Bootes in allen Einzelheiten stimmt.

Seine zweitausend Tonnen sind in dem schwankenden und entgleitenden Element in eine genaue Gleichgewichtslage gebracht.

BREITSEITE DES TAUCHSCHIFFES

Die "Deutschland", voll beflaggt, die deutsche Flagge am Vordermast,
die Vereinigte Staaten Flagge am Heck, sich der
Wesermündung nähernd

XI

DIE ABFAHRT VON BALTIMORE

Über die Schilderung unserer Rückfahrt möchte ich als Motto setzen, was die "Londoner Morning Post" vom 18. Juli über die Stellungnahme der englischen Regierung zu "U-Deutschland" geschrieben hatte:

"Die ‚Deutschland' ist infolge ihrer U-Boot-Eigenschaften als Kriegsschiff anzusehen und ist als solches zu behandeln. Die Kriegsschiffe der Alliirten werden daher jede Gelegenheit wahrnehmen, um das Boot ausserhalb der amerikanischen Hoheitsgrenze zu stellen, und werden es ohne Warnung versenken."

So lautet eine Kabelmeldung, die am 19. Juli von London nach Amerika kam, so lasen wir es auch in einer Nummer der "Morning Post" selbst, die wir Ende Juli zugeschickt bekamen.

Das hatte jedenfalls das Gute, dass wir wenigstens genau wussten, wie wir dran waren.

Niemals hat sich der englische Standpunkt in seiner ganzen Brutalität deutlicher gezeigt.

Wir hatten keine Torpedorohre, keine Kanonen an Bord, wir hatten nicht die geringste Möglichkeit, anzugreifen; wir hatten nicht einmal Waffen, uns zu verteidigen, was doch jedem englischen Handelsschiff erlaubt ist; der mächtigste neutrale Staat hatte ausserdem die "Deutschland" nachdrücklich als reines Handelsschiff anerkannt, und doch sollten wir ohne Warnung versenkt werden!

Wir wussten also, was uns bevorstand.

Die Fahrt der Deutschland

Es war auch schon bekannt geworden, dass sich acht feindliche Kriegsschiffe mit Suchbooten und Netzen vor der Chesepeake-Bai versammelt hatten, um uns beim Verlassen der amerikanischen Hoheitsgrenze abzufangen und wie einen blinden Fisch mit Minen zu zerschmettern.

Vorsicht war also geboten, und es galt, sich mit U-Boots-Schläue hindurchzuschlängeln.

Wir wussten aber auch, wie wir es schon einmal fertiggebracht hatten, die englisch-französischen Anstrengungen zum besten zu haben. Eine glatte Spazierfahrt war der Durchbruch durch die englische Blockade von Europa her auch nicht gewesen. Nichts hat uns einen grösseren Spass gemacht als die Kenntnis von der schönen Erklärung, die der Kapitän Gaunt vom britischen

Die Fahrt der Deutschland

Generalkonsulat in Neuyork losgelassen hatte, als das erste Gerücht von der Fahrt eines deutschen U-Bootes nach Amerika dort auftauchte. Er beruhigte das englische Publikum mit den Worten: "Es ist unmöglich, ein U-Boot nach Amerika zu senden. Werden es die Deutschen doch tun, dann werden wir es abfangen. Ein grosses Unterseeboot lässt im Wasser eine Spur von Öl und Maschinenschmiere hinter sich. Diese Spur können unsere schnellen Kreuzer verfolgen und dann das U-Boot todsicher abfangen."

Kapitän Gaunt ist der Sachverständige für Schiffahrtsangelegenheiten am Konsulat und musste es wissen.

Wir hatten also nur dafür zu sorgen, dass das "Abfangen" auch das zweitemal so "todsicher" vor sich ging.

So war denn der 1. August herange-

kommen, überall hatten wir herzlichen
Abschied genommen, alle Formalitäten
mit den Behörden usw. waren erledigt,
und wir konnten in See stechen, zum
Rendezvous mit den Herrschaften vor
der Bai.

Unsere Abfahrt verzögerte sich, weil
wir erst auf Hochwasser warten mussten, um aus dem Patapsco River, an dem
Baltimore liegt, über die vorliegende
Schlammbank in die Chesapeake-Bai
hinauszukommen. Das Wasser stieg
an dem Tage sehr langsam, da Nord-
wind wehte und den Strom in der langen Bucht nicht recht bis Baltimore her-
aufkommen lassen wollte.

Wir warteten mit Spannung auf das
Steigen des Wassers, und endlich war
nachmittags fünf Uhr zwanzig der Moment gekommen. Die Leinen wurden
losgeworfen, langsam öffneten sich die

einschliessenden Wachtschiffe, und majestätisch schob sich die "Deutschland" von der Pier ab in das Fahrwasser. Schlepper "Timmins" fährt neben uns her wie ein treuer Schäferhund und lässt die vielen kleinen und grösseren Boote voll Reportern und Kinoleuten nur knurrend in unsere Nähe.

Es war nichts zu befürchten, das Boot der Hafenpolizei von Baltimore war uns liebenswürdigerweise mitgegeben worden, und der Zollkutter von Maryland hatte Weisung erhalten, uns bis an die Grenze seines Gebiets zu begleiten.

Hunderte von Menschen standen an den Ufern des Patapsco-River, winkten und begrüssten unsere Abfahrt mit endlosen Hurrarufen, im Hafen heulten alle Schlepper mit Sirenen und Pfeifen, die Dampfer dippten die Flagge und tuteten, es war ein heilloser Lärm. Wir aber wussten, während wir wieder hinausfuhren, dass im ganzen grossen Amerika ungezählte Herzen uns mit ihren Segenswünschen begleiteten und angstvoll auf den Augenblick warteten, der die Gewissheit unseres glücklichen Durchbruchs brachte.

Sobald wir nun in das freie Fahrwasser gekommen waren und die Maschinen auf volle Fahrt gingen, blieben unsere Begleiter allmählich zurück; selbst "Timmins" hatte gerade genug zu tun, um mitzukommen. Wir sahen mit Vergnügen, wie wenig schnell all die amerikanischen Boote liefen; das Hurrarufen wurde immer schwächer, die Boote wurden immer weniger, und schliesslich war nur noch der Zollkutter da. Als gegen sieben Uhr auch der verschwand, wären wir mit "Timmins" allein gewesen, wenn wir nicht noch einen unheimlichen Begleiter gehabt hätten, der sich nicht so leicht abschütteln liess.

Es war ein flinkes graues Boot, mit spitzer Schnauze und flachem, kurzem Heck, ein ausgewachsenes regelrechtes Rennboot, von dem das Gerücht ging, dass es achtzig Pferdekräfte im Leib habe und seine zweiundzwanzig Meilen laufen konnte. Es sollte schon seit zehn Tagen von einem Herrn gemietet worden sein, der dafür die runde Summe von zweihundert Dollar pro Tag zahlte, woraus zu ersehen ist, wie hoch der Herr die Möglichkeit einschätzte, sein rein sportliches Interesse durch ein "Match" seines Renners mit der "Deutschland" zu bekunden.

Im Bewusstsein seiner überlegenen Schnelligkeit tänzelte das hübsche Boot um uns herum und fuhr bewunderungswürdige Kreise und Volten; es machte

Kapriolen, umschwirrte uns wie eine Brummfliege und war von beängstigender Munterkeit. Der brave "Timmins" mochte noch so drohend mit seiner Dampfpfeife brummen und zornige Rauchwolken ausstossen; der achtzigpferdige Brummer blieb da und liess sich nicht vertreiben.

Das ging so bis in den sinkenden Abend hinein.

Da erhob sich gegen acht Uhr eine kleine Brise, und es dauerte nicht lange, dann kam ein leichter Seegang auf, ein lustiger Seegang, der fröhlich an den Bug der "Deutschland" klatschte.

Unser Brummer hatte inzwischen ordnungsgemäss seine Lichter gesetzt, und er klatschte auch, aber er lief nicht mehr um uns herum, sondern plätscherte bald nur mehr in unserem Kielwasser. Es sah hübsch aus, wie hinter

uns seine farbigen Lichter tanzten,
manchmal in beleuchtendem Schaum
und Spritzern verschwanden und wie-
derkamen, aber immer ferner.

Um zehn Uhr stand schon ein nied-
licher Seegang; die Lichtlein sackten
immer mehr achter aus, und als der
nächste Morgen graute, da war die See
leer; der Brummer war wohl heimgeflo-
gen.

Dafür tauchten aber bald rechts voraus in der Dämmerung eine Menge
Fischdampfer auf, so dass wir schon
fürchteten, hier auf neutralem Gewässer in eine regelrechte Falle zu laufen.

Hurrarufen und Winken von den
Fahrzeugen belehrte uns bald eines
Besseren; es war eine Gesellschaft von
amerikanischen Pressevertretern, die
zusammen mit einer Anzahl von Be-
wunderern und Freunden der "Deutsch-

land" eine Nachtfahrt nicht gescheut hatten, um einige fünfzig Meilen von Baltimore entfert unserem Boot ihren letzten Gruss zu entbieten.

Ein Dampfer nach dem andern glitt vorbei, und morgens sechs Uhr schon waren wir in so freiem Wasser, dass wir unsere ersten Tauchversuche machen konnten. Ich wollte Boot und Leute nach dem langen Landleben wieder einmal fest in die Hand bekommen; es war nur wegen des "todsicheren" Abfangens.

So machten wir also unsere ersten Versuche, und es ging alles tadellos. Der "Timmins" blieb in der Nähe, und Kapitän Hinsch sagte mir später, dass es ein verblüffender Anblick gewesen sei, als die "Deutschland" so lautlos wegsank und sich nach ein paar Minuten wieder mit schäumender Bug-

welle sekundenschnell aus dem Wasser
schob.

Das Tauchen klappte also. Um nun
zu sehen, ob sonst alles dicht und in Ordnung wäre, gab ich dann den Befehl, das
Boot auf den Grund zu legen an einer
Stelle, für die ich auf der Karte eine
Tiefe von etwa dreissig Meter abgelesen
hatte.

Wieder wurde es still, das Tageslicht
verschwand, das bekannte Singen und
Sieden der Tauchventile umschwirrte
uns, ich lese in meinem Turm auf dem
Manometer zwanzig, fünfundzwanzig
Meter ab, der Untertrieb wird vermin-
dert, dreissig Meter erscheinen, und ich
erwarte das leichte Bumsen, mit dem
das Boot auf dem Grund ankommen
soll ...

Nichts dergleichen erfolgt.

Statt dessen geht der Zeiger von sei-

ner Scheibe auf zweiunddreissig, drei-
unddreissig, fünfunddreissig Meter ...

Ich klopfe mit dem Finger an das
Glas — es stimmt, eben geht der Zeiger
auf sechsunddreissig.

"Alle Wetter, was ist denn los," denke
ich und nehme die Karte.

Jawohl, da stehen dreissig Meter
Tiefe und wir hatten oben doch noch genaue Peilung ...

.... Dabei sinken wir ruhig weiter.

Vierzig Meter erscheint auf dem Zif-
ferblatt.

Das wird mir zu dumm; ich rufe in
die Zentrale, frage an und bekomme
nur die tröstliche Antwort, dass auch
auf dem grossen Tiefenmanometer eben
vierzig Meter überschritten wurden.

Unsere Manometer stimmten.

Das hinderte aber das Boot nicht,
ruhig weiter zu sinken.

In der Zentrale sahen sich die Leute
an...

Es ist doch ein zu dummes Bewusstsein, in der verwünschten sinkenden
Stille ins Unbekannte zu rutschen und
davon nichts zu sehen, ausser dem ewigen Abwärtsklettern des niederträchti-
gen Zeigers vor dem weissen Blatt...

In meinem Turm ist's nicht anders;
ich blicke ziemlich ratlos zwischen der
Karte und dem Manometer hin und her.

Inzwischen sinkt das Boot weiter,
fünfundvierzig Meter sind überschritten...Der Zeiger geht auf achtundvier-
zig Meter....Ich denke gerade, irgendwo muss doch auch die Tiefe der Chesepeake-Bai ein Ende haben, ins Grund-
lose kann's doch hier nicht gehen...Da
macht das Boot auf fünfzig Meter Tiefe
ohne jeden Anprall halt.

Ich klettere in die Zentrale und berate mich mit Klees und den beiden Wachoffizieren.

Es kann nicht anders sein, wir müssen in einem Loch stecken, das auf der Karte nicht verzeichnet ist.

Nun, das war am Ende nicht schlimm. Ob wir aus dreissig oder fünfzig Meter aufstiegen, blieb sich schliesslich gleich.

Eben will ich den Befehl zum Auftauchen geben, da fällt mein Blick auf den Kreiselkompass, der mit seiner leise zuckenden, schwarzweissen Scheibe sonst immer so tröstlich in seinem von innen beleuchteten Gehäuse hängt ...

Ich prallte zurück ...

Zum Donnerwetter, was ist das? ... Die Kompassscheibe ist verrückt geworden und dreht sich in zuckenden Stössen wie irrsinnig, unaufhörlich um sich selbst.

Jetzt fängt die Geschichte an ungemütlich zu werden.

Da unsere Kreiselkompasse ungefähr
das Zuverlässigste sind, was es auf der
ganzen Welt gibt, und da in der Chesapeake-Bai in fünfzig Meter Tiefe die
Erde nicht um uns rotieren kann, so
bleibt nur ein Schluss übrig, allerdings
ein verwünscht unangenehmer Schluss:
... Wir drehen uns da in unserem tiefen
Loch ganz gemütlich im Kreise, der
Teufel mag wissen, aus welchem
Grunde.

Ich lasse sofort die Lenzpumpen an-
stellen mit dem Erfolg, dass sie wohl zu
schnurren anfangen, aber mit einem
viel helleren, sozusagen leeren Geräusch
.... Sie fördern nicht, wir bleiben im
Dreck stecken, wir sind so weit wie vorher.

Das fehlte auch noch, und ich muss

[176]

DIE RÜCKKEHR ZUR HEIMAT

Die "Deutschland" in der Wesermündung

© Int. Press Exchange

ENDLICH IN DER HEIMAT
Die "Deutschland" an ihrem Pier in Bremen.

sagen, recht zuversichtlich war uns allen nicht mehr zu Sinn.

Inzwischen waren wir nach dem Manometer noch etwas tiefer gesunken, dagegen hörte das Drehen jetzt auf, wir lagen nun vollständig ruhig.

Ich gebe erneut den energischen Befehl sofort aufzutauchen.

Die Pumpen schnurren wieder — und laufen wieder leer.

Das hat also keinen Zweck.

Es musste mit ruhiger Ueberlegung vorgegangen werden, sonst lagen wir morgen noch an der Stelle.

Nach langem Hinundherarbeiten gelang es denn auch dem Ingenieur Klees, die Pumpen zum Arbeiten zu bringen.

Mit tiefem Brummen fingen sie an, das Wasser aus den Tanks zu drücken, — sie förderten — wie gebannt hingen unsere Blicke an dem Manometerzeiger,

— Hurra! wir kommen frei, wir steigen, der Zeiger geht auf neunundvierzig Meter . . . da glaubte ich, meinen Augen nicht trauen zu dürfen . . . alle Teufel, was war das wieder . . . das Manometer zeigte plötzlich zwanzig Meter . . . dann ging es wieder auf neunundvierzig Meter zurück . . . sprang von neuem auf zwanzig Meter . . . usf.

Jetzt fing die Sache doch an, kritisch zu werden . . . Wir sahen uns an und waren mit unserer Weisheit zu Ende; wir wussten nicht mehr, was mit dem Boot und uns allen los war, wir wussten nicht einmal mehr, auf welcher Tiefe wir waren . . . jetzt waren auch die Manometer wahnsinnig geworden . . .

Um zu verstehen, was das heisst, muss man sich vorstellen, dass man im getauchten Boot nichts weiss, nichts sieht, keinen anderen Anhaltspunkt hat ausser

dem Zeiger des Tiefenmanometers.
Hört der auf, richtig zu funktionieren,
dann tappt man völlig im Ungewissen.

Unsere Situation war doch recht be-
denklich geworden; trotzdem herrschte
eiserne Ruhe im Boot. Wir hatten das
Bewusstsein, im äussersten Notfall noch
immer die Pressluft zu haben, die uns
unbedingt in die Höhe werfen musste,
wenn es mit den Pumpen nicht ging.

Es sollte aber gar nicht so weit kommen. Klees hatte sich einen Augenblick
bedacht. Dann, ein Griff an einem Ven-
til, ein sausendes Geräusch von Pressluft, das Manometer schlägt wie wild
auf einhundertundzwanzig Meter aus,
springt dann zurück auf neunundvierzig Meter ... und der Schlammpfropfen,
der die Öffnung des Tiefenmanometers
verstopft hatte, war durch ein wenig
Pressluft im Augenblick entfernt.

Auch die Ausgussrohre der Pumpen wurden nun durch Pressluft von allem Schlamm gereinigt, der bei unserem irrsinnigen Drehen eingedrungen war; dann surrten die Lenzpumpen wieder im alten Ton, und gehorsam stieg die "Deutschland" an die Oberfläche empor.

Wir waren aber doch anderthalb Stunden unten gewesen.

Kapitän Hinsch kam mit seinem "Timmins" recht erleichtert längsseit, hatte sich unser langes Tauchen nicht erklären können und war schon in schwerer Sorge um uns gewesen. Wir müssen in eine Art Grube geraten sein, wo der Sand "mahlte", und wo wir uns durch die Kreisbewegung allmählich in den Schlamm und Mud einwühlten. Ich postierte nunmehr den "Timmins" zwei Meilen von uns weg zur Beobachtung

eines letzten wichtigen Tauchversuchs.
Wir wollten nämlich ohne Fahrt so
auftauchen, dass wir mit dem Sehrohre
über das Wasser kamen, was nicht ohne
weiteres zu gelingen braucht. Fährt
man sich dynamisch mit den Tiefenrudern in die Höhe, so kann man natürlich viel leichter auf eine gewisse Lage
einsteuern; dabei ziehen aber die Sehrohre eine kleine spritzende Schaum-
spur durch die See, was unter Umstän-
den verräterisch sein kann.

Wir machten daher den Versuch, uns
von einer grösseren Tiefe gewissermassen hoch zu pendeln und durch Leeren und erneutes Füllen der Tanks auf
der Stelle in eine Schwimmlage einzu-
spielen, in der nur unsere Sehrohre gerade über das Wasser herauskamen,
und zwar in vertikaler Richtung.

Der Versuch glückte; es gelang uns,

unsere Sehrohrfühler auszustrecken, ohne dass der "Timmins", der doch ungefähr wusste, wo wir waren, etwas von uns bemerkt hatte, bevor nicht unser Turm aus dem Wasser kam.

Ich hatte jetzt die Gewissheit, dass wir auf alle Möglichkeiten vorbereitet waren und ohne Scheu den Durchbruch wagen konnten. Wir fuhren also mit "Timmins" ruhig weiter und regelten unseren Kurs so, dass wir nach Einbruch der Dunkelheit vor der Ausfahrt durch die Kaps anlangten.

XII

DER DURCHBRUCH

Die Nacht war da, als wir uns der gefährlichen Gegend näherten. Vor uns funkelte das feste Feuer von Kap Henry, während an Backbord Kap Charles in kurzen Intervallen seine Blitze in der Dunkelheit aufleuchten liess; in dieser Peilung fuhren wir ruhig der Entscheidung entgegen.

Da blitzten an Steuerbord zwei Scheinwerfer über dem Wasser auf. Die vermaledeiten Strahlen liefen rasend rasch suchend über die dunklen Fluten, — ich zählte mechanisch ein paar Sekunden, dann stach uns das Zentrum des Lichtes grell in die Augen.

Schon war es zum Tauchen zu spät,

und fest haftete der verräterische Schein auf der "Deutschland".

Wir zwei Männer auf dem Turm blickten uns einen Augenblick an; in der schönen Gratisbeleuchtung konnten wir unsere Mienen deutlich erkennen ..

Dann sahen wir, wie die Scheinwerferstrahlen, nachdem sie uns mit Sicherheit festgestellt hatten, zweimal steil in die Höhe gingen und plötzlich wieder erloschen. Als wir unsere Augen wieder an die Dunkelheit gewöhnt hatten, entdeckten wir an Steuerbord zwei schwarze Fahrzeuge, die wie Fischdampfer aussahen.

"Verfluchte Bande," murmelte Krapohl, "jetzt haben sie uns verraten!"

Und leider sollte er recht behalten.

Denn steil stieg drüben am Land ein riesiger Scheinwerferkegel in die Höhe, offenbar als Zeichen für die draussen wartenden englischen Kreuzer.

Ich dachte mir, jetzt gilt es.

"Klar zum Tauchen!" kam mein Kommando.

"Auf achtzehn Meter gehen!" — zugleich nahmen wir Kurs nach Süden.

Nach einer halben Stunde tauchten wir wieder auf, da ich mich noch einmal genau orientieren wollte; kaum aber hatte ich einen Augenblick Umschau gehalten, da mussten wir uns durch Schnelltauchen einer drohenden Gefahr entziehen. Denn knapp zweihundert Meter querab kam der wachhabende amerikanische Panzerkreuzer angebraust.

Auch er hatte die auffälligen Lichtsignale gesehen und kam nun heran, um die Vorgänge an der amerikanischen Hoheitsgrenze zu überwachen. Obgleich

den Zeitungsnachrichten zufolge der
Panzerkreuzer mit Flugzeugen zu mili-
tärischen Übungen in die Chesepeake-
Bai befohlen sein sollte, neige ich der
Ansicht zu, dass die amerikanische Regierung das Schiff an die Dreimeilengrenze beordert hatte, um zu beobachten, was sich bei unserem Auslaufen ab-
spielen würde. Ich persönlich bin auch
der festen Überzeugung, dass bei dem
vorzüglichen Geist, der in Offizierkorps
und Mannschaften der amerikanischen
Marine herrscht, die Besatzung des
Panzerkreuzers bei einer Verletzung
der Hoheitsgrenze sich nicht nur auf
blosse Beobachtung beschränkt hätte,
sondern energisch eingeschritten wäre.

Dass eine solche Verletzung nicht
ausser aller Möglichkeit lag und in
jener denkwürdigen Nacht vielleicht
nur durch das entschlossene Herankom-

men des amerikanischen Panzerkreuzers verhindert wurde, gewinnt noch an Wahrscheinlichkeit durch den folgenden Umstand. Einige Tage vor unserer Ausfahrt hatte ein englischer Kreuzer bei Nacht und Nebel Kap Henry passiert, die ganze Chesapeake-Bai in unverschämter Weise abgesucht und war dann, ohne sich zu erkennen zu geben, wieder davongefahren.

Inzwischen hatten wir unser Boot rasch mit grosser Vorlastigkeit in die Tiefe gezwungen und tauchten erst wieder auf, als das Schraubengeräusch des Amerikaners in der Ferne entschwunden war.

Wir wussten, jetzt kam der gefährlichste Moment unserer ganzen Fahrt. Wir orientierten uns noch einmal genau und trafen alle Vorbereitungen, die für unseren Durchbruch nötig waren.

Dann tauchten wir und gingen heran, alle Sinne bis aufs äusserste angespannt, die Nerven bis zum Platzen voll in jener kalten Erregung, die einem innerlich gewissermassen die Haare in die Höhe treibt, während man äusserlich ganz ruhig ist, beherrscht von jener eisigen, klaren Überlegung, die über den kommen kann, der mit vollem Bewusstsein einer unbekannten Gefahr zu Leibe geht.

Wir kannten unseren Weg. Wir hatten schon vorher in Erfahrung gebracht, dass Fischerleute gewonnen waren, ausserhalb der Dreimeilengrenze an bestimmten Stellen Netze auszulegen, Netze, in denen wir uns verstricken sollten, Netze, in die wohl auch teuflische Minen geflochten waren ...

Vielleicht trugen die Netze auch nur Bojen, die wir dann hinter uns her ziehen sollten, um so unseren Standort zu verraten...

Wir hatten auf alle Fälle wieder alles klar gemacht, um uns im äussersten Notfall von den Netzen zu befreien. Aber es ging alles gut.

Es war eine dunkle Nacht; ruhig und friedlich leuchteten an Land die Feuer der beiden Kaps, indes ein paar Meilen weiter draussen der Tod in jeder denkbaren Form lauerte.

Aber während die englischen Schiffe auf und ab fuhren, die Scheinwerfer aufs Wasser zucken liessen und an allen möglichen Stellen suchten und wieder suchten, ahnten sie wohl nicht, dass zeitweise fast dicht in ihrem Schatten ein Sehrohr leise seine Bahn zog und unter diesem Sehrohr — "U-Deutschland".

Nachts zwölf Uhr kam dann nach Stunden voll unbeschreiblicher Span-

nung das Kommando: "Auftauchen!"
Wir waren durch.

Langsam stieg die "Deutschland"
empor, die Tanks wurden ausgeblasen
und die Ölmaschinen angestellt. Mit
äusserster Kraft brausten wir nun hinein in den freien Atlantik, während hinter uns im Nordwesten die Engländer
noch immer mit ganzen Bündeln von
Scheinwerfern das Wasser absuchten;
sie mussten schliesslich wohl nervös geworden sein.

XIII

DIE HEIMFAHRT

So schnell hatte die "Deutschland" noch nie gelaufen wie in jenen frühen Morgenstunden des 3. August, in wunderbarer Fahrt brauste sie dahin, zwei breite Schaumstreifen neben sich aufwerfend. Die Maschinen rumorten im schönsten Takt, die Verbrennung funktionierte tadellos, und am Auspufftopf zeigte sich nicht das kleinste Wölkchen, so dass selbst Herr Kissling tief befriedigt war und in einer Anwandlung unbewusster Zärtlichkeit beinahe das Gestänge seiner geliebten Motoren gestreichelt hätte . . .

Als die Sonne aufging, war die Küste längst im fernen grauen Nebel ent-

[191]

schwunden und nirgends ein Fahrzeug
zu sehen. Wir blieben aufgetaucht und
liefen wie der ware Teufel weiter. Was
haben wir unseren Maschinen auch
nicht alles zu verdanken! Als wir in Baltimore nach der langen und schweren
Überfahrt angekommen waren, befanden sie sich noch in bestem Zustand;
keinerlei Reparaturen waren nötig, und
wir hätten ohne Überholung sofort die
Rückreise antreten können. Dabei hatten die Maschinen nicht selten unter
ganz ungewöhnlichen Bedingungen zu
arbeiten, unter Bedingungen, die wie
die fürchterlichen Temperaturen im
Golfstrom eine ausserordentliche, kaum
vorauszusehende Beanspruchung für
das ganze Material mit sich brach-
ten. Man kann ruhig sagen, dass
man bisher noch keine Gelegenheit gehabt hatte, Ölmotoren für das

EMPFANG DER BESATZUNG DER "DEUTSCHLAND" VOR DEM RATHAUS IN BREMEN

KAPITÄN KÖNIG UND DR. ALFRED LOHMANN, PRÄSIDENT
DER DEUTSCHEN OZEAN-REEDEREI-GESELLSCHAFT,
NACH DEM EMPFANG DES KAPITÄN KÖNIG
IN BREMEN.

Arbeiten bei einer Aussentemperatur von dreiundfünfzig Grad Celsius zu erproben. Derartiges konnte bei der Herstellung unseres Typs auch gar nicht vorgesehen sein, und dass unsere Motoren dabei niemals streikten, dass nicht die geringste Panne vorkam, ist ein Zeichen für die ausgezeichnete Konstruktion und die vorzügliche Arbeit der Werft.

So fuhren wir dahin, und nur zu bald umgab uns wieder die feuchtschwüle Atmosphäre und trübe Luft des Golfstroms. Mit allen seinen schönen Eigenschaften und Nebenerscheinungen war er wieder da, mit Feuchtigkeit und elektrisch geladener Luft, mit aufgeregter See, geschlossenen Luken und Hitze im Boot. Und nicht einmal schieben wollte er uns, wie wir doch gehofft hatten.

Alle Beschwerden wurden diesmal

guten Muts ertragen; die "dicke Luft" hatten wir hinter uns, und es ging der Heimat zu. Auch nahm der Seegang wieder ab, je mehr wir uns der Grenze des Golfstroms näherten.

Am Abend des zweiten Tages war es schon wieder möglich, auch an Deck alle Luken zu öffnen. Kaum aber hatten wir angefangen, uns zu freuen, dass durch die frische Luft nun auch der Aufenthalt unter Deck erträglich werden sollte, da hiess es plötzlich: "Luken dicht" und "Tauchen"!

Ein Dampfer war aufgekommen, der sich rasch näherte und so in unseren Kurs lief, dass wir ihm über Wasser nicht mehr aus dem Wege gehen konnten.

Als wir nach einer Stunde auftauchten, war es Nacht geworden, und wir erlebten nun eine phantastische Naturer-

scheinung, eine meeresgeborene Seeillu-
mination von dämonischer Grossartig-
keit.

Bei ruhiger See und dunklem Wasser
waren wir in die Tiefe gegangen, in
einem Flammenmeer tauchten wir wieder empor. Ein Meeresleuchten hatte
eingesetzt von einer Intensität und Glut,
wie ich es noch nie erlebt hatte und wie
es vielleicht nur an der Grenze des Golfstroms möglich ist.

Als wir uns beim Auftauchen noch
etwa vier Meter unter Wasser befanden, war es, als ob wir uns in einem glü-
henden Medium von leuchtender Durchsichtigkeit emporarbeiteten. Ich hatte,
kurz bevor der Turm aus dem Wasser
kam, nach achtern geblickt und sah dabei den ganzen Bootskörper mit dem
Heck sich wie eine dunkle Masse durch
das aufglühende Element ziehen. Von

den Schrauben ging ein Feuerwirbel
aus, und die ganze Bewegung des Bootes erweckte in dem umgebenden Wasser ein wildes Phosphoreszieren, ein in-
tensives Aufflammen und Sprühen von
Funken und Feuerstreifen.

Oben hatte eine frische Brise eingesetzt und warf die aufgeregten Wasser
in leuchtenden Kugeln und einem fun-
kelnden Sprührregen über das ganze
Deck. Wohin das Auge sah, erblickte
es auf der Meeresoberfläche ein fahl er-
glühendes Gewoge, durch das unser
Boot eine feurige Furche zog.

Wir stehen wie gebannt; die Erscheinung nimmt noch zu mit Wind und
See.

Alle Leute von den Freiwachen kommen herauf und starren auf das mär-
chenhafte Schauspiel, nicht achtend der
Seen, die jetzt schon über das Deck

fegen. Manch einer wird bis auf die Haut nass.

"As Füer kümmt et an, aber de Pip' geiht et ut," sagte unser riesiger Bootsmann Humke. Ein Spritzer hatte ihm zum dritten Male die Pfeife ausgezischt, so dass er sich entschloss, den geliebten Stummel in der Tasche schützend zu verstauen.

Aber das "Feuer" wurde zuletzt immer nässer, und nach einer halben Stunde standen Wachoffizier und Ausguck wieder allein oben auf dem Turm.

—— —— —— —— ——

Als wir aus dem Golfstrom heraus waren, hatten wir mehrere Tage steifen Nordwest und hohe See, bis wir am xten August das schöne Wetter fassten. An einem der nächsten Abende stand der wachhabende erste Offizier Krapohl mit Humke auf dem Turm; unablässig

suchte das Auge im Glas den Horizont
ab, wo der erblassende Himmel ohne
merkliche Grenze schon in die dämmernde Flut überzugehen schien.

"Füer vörut," meldet da plötzlich
Humke.

"Den Stern habe ich auch schon gesehen," antwortet ruhig der Offizier und
lässt das Glas sinken.

"Ja, ik weet nich, abe'n Stirn is dat
nich, Herr Krapohl," meint unbeirrbar
der Matrose.

Die beiden machten mir Meldung und
ich kam erwartungsvoll auf den Turm.
Ich nahm das Glas und lachte dann:
"Humke, Sie irren!"

Denn ich sah ziemlich hoch über der
Kimm ein feines weisses Licht, das, um
für ein Schiffsfeuer gehalten zu werden,
bei seiner Lichtstärke schon zu hoch am
Horizont stand.

Der Bootsmann blieb aber ruhig bei seiner Meinung.

"Herr Koptein, en Stirn is dat nich."

Ich gab Humke das Glas, das er aber gleich wieder absetzte und dazu meinte:

"Mit de Dingers kann man doch nich örntlich sehen."

Dann kniff er die Augen zusammen, sah noch einmal scharf nach und sagte mit Bestimmtheit:

"Un et is doch en Füer un keen Stirn!"

Wir beobachteten nun scharf weiter, bis ich im Glase endlich sehen konnte, wie rechts neben dem weissen Licht ein roter Schein anfing eben sichtbar zu werden. Jetzt wussten wir, dass da ein Dampfer uns entgegenkam.

Ich hielt ihn zunächst für ein kleines Fahrzeug, besonders, da anfänglich die Höhe der beiden Lichter nicht sehr differierte, das rote Backbordlicht des Dampfers also nicht viel tiefer unter dem weissen Licht stand. Bald darauf aber musste ich mich schon wundern, wie merklich das rote Licht auswanderte, das heisst, wie schnell der Zwischenraum zwischen beiden Lichtern zu wachsen schien.

Daraus blieb nur ein Schluss möglich, dass sich das Fahrzeug ganz aussergewöhnlich rasch näherte.

Während ich noch darüber nachdachte und mir schon einen schnellfahrenden Zerstörer im Geiste ausmalte, entdeckte ich in verhältnismässig weiter Entfernung hinter den beiden Feuern etwas, das wie ein weisser bewegter Schein, wie eine schwach beleuchtete Welle aussah.

Wir konnten und konnten nicht ausmachen, was das nun wieder zu bedeuten hatte, bis ich mir sagte, dass diese Welle zu den Lichtern gehören müsse, da sie im selben Tempo näher kam. Und richtig dauerte es nicht lange, da deuteten sich zitternd in dem scharfen Glase, nur wie geahnt, wie ein dunkles Dämmern, die riesigen Formen eines grossen Dampfers an, der mit gewaltigen Deckaufbauten durch die dunkle Nacht herankam. Der weisse Schein war seine Heckwelle, die bei den kolossalen Abmessungen des Schiffes eben erst in beträchtlicher Entfernung von den Positionslaternen zu sehen war.

Wir starrten noch ein paar Augenblicke hin, dann entdeckten wir vier ragende Schornsteine und waren uns bald klar, dass wir einen ganz grossen Cunarder vor uns haben mussten, der mit abgeblendeten Lichtern, nur Topp-

licht und Positionslaternen führend
heranbrauste.

Es war wirklich eine gespenstische
Erscheinung, wie das gewaltige dunkle
Schiff so durch die Nacht jagte; man
braucht nicht besonders romantisch ver-
anlagt zu sein, um sich dabei eine Be-
gegnung mit dem "Fliegenden Hollän-
der" vorstellen zu können, während unser Humke seine Gefühle in die Worte
kleidete: "Junge, wat en Kirl!"

"Äusserste Kraft voraus!" und "Ruder hart Steuerbord!" entfernten wir
uns von dem Kurse des stolzen Cunar-
ders, während wieder alle Leute der
Freiwache heraufgekommen waren, um
sich vom Deck und aus den Luken das
Schauspiel anzusehen. — — — — — —

Trotz scharfen Ausgucks kam uns in
den nächsten Tagen gar nichts zu Gesicht. Da auch das Wetter weiter gut

[202]

blieb, trug unsere Heimkehr noch mehr
als die Ausreise den Charakter einer
ereignislosen, friedlichen Handelsfahrt.

Wir kamen erst jetzt so recht dazu,
die bequeme und praktische Innenein-
richtung des ganzen Bootes, die Kabi-
nen und unsere gemütliche Kleine
Messe zu geniessen. Wie oft haben wir,
wenn wir um den Tisch in der Messe
versammelt waren und das Grammophon spielen liessen, dankbar dessen gedacht, der unserem Boot nicht nur die
seetüchtige Form erfand, sondern ihm
auch eine Einrichtung baute, in der sich
ein recht erträgliches Leben selbst in
der Untersee führen liess.

Wenn da unser braver Stucke, stets
gleichmässig ernst blickend aus seinem
ehrlichen Gesicht mit dem erstaunten
Ausdruck und den weissblonden Haa-
ren, eine Flasche guten kalifornischen

Rotwein vor uns hinstellte, während
wir gemütlich "irgendwo" auf dem
Grund lagen und über uns in x Meter
Höhe ein tüchtiger Kanalwind pfiff,
dann konnte man sich ohne besondere
Phantasie wie ein zweiter Kapitän
Nemo vorkommen, der mit seinem
höchst modernen Nautilus in alle Tiefen
hinabsteigen kann und der Ungerech-
tigkeit und Herrschsucht eines gewissen
Volkes ein Schnippchen schlägt, vor-
ausgesetzt — dass man Jules Verne gelesen hatte.

Denn ich muss es schliesslich doch gestehen, was ich bis jetzt verschwiegen
hatte, was ich ängstlich bei mir behielt:
Ich bin erst als Handels-U-Bootführer
auf meiner Rückkehr von Amerika dazu gekommen, einem empfindlichen
Mangel meiner Bildung abzuhelfen;
was ich in meiner Jugend versäumt

hatte, das sollte ich erst mit neunundvierzig Jahren nachholen, erst im Druckkörper von "U-Deutschland" war mir beschieden, mich mit Jules Vernes "Zwanzigtausend Meilen unter dem Meer" bekanntzumachen.

Durch die liebenswürdige Aufmerksamkeit eines amerikanischen Freundes war mir nämlich in Baltimore ein Buch geschickt worden, ein Buch — wie soll ich sagen — zur Nacheiferung, zum Ansporn; ein Buch, das den Titel trug:

"20,000 Leagues Under the Sea"
For Young People.

Ich habe es mit Interesse gelesen.

.   .   .   .

Was sich sonst noch auf unserer Heimfahrt ereignete, ist bald erzählt. Wir fuhren gleichmässig friedlich dahin, wichen noch einigen Dampfern in

weiter Entfernung über Wasser aus,
worin wir allmählich eine recht nette
Übung erlangten, hatten meistens gutes
Wetter, einmal Nebel und viel glatte
See.

Eines Nachmittags sass ich in meiner
Kabine am Schreibtisch, um zu arbeiten, da hörte ich aus der nahe gelegenen
Zentrale den Rudergänger das Kommando "Steuerbord zwanzig" wieder-
holen. Gleich darauf kam "Backbord
zehn", was mich veranlasste, noch ehe
die Meldung des wachhabenden Offi-
ziers kam, an Deck zu eilen.

Da bot sich denn ein seltsamer Anblick dar: Rundherum, so weit das
Auge reichte, war die See bedeckt von
einem Feld schwimmender dunkler Öl-
fässer, durch die wir uns richtig hin-
durchlavieren mussten.

Im ersten Augenblick hielt ich die

schwarzen unheimlichen Dinger, die da vor uns auf den Wogen tanzten, für ein Minenfeld, bis uns die charakteristische Form der scharfkantigen Fässer, sogenannte Barrels, und ihr Inhalt, der sich teilweise über das Wasser verbreitete, von ihrer Harmlosigkeit überzeugte. Immerhin mussten wir mit Vorsicht durch diese seltsame Anpflanzung hindurchsteuern, aber das Feld war zu gross, um ohne erheblichen Kursverlust umfahren zu werden. Wir haben die Zahl der Fässer, die uns zu Gesicht kamen, auf mindestens tausend Stück geschätzt.

"Schöne Vorübung," sagte Krapohl, "für die Eleganz, mit der wir uns später durch die englischen Minenfelder hindurchschlängeln wollen. Ich glaube, wir können die Rückfahrt durch den englischen Kanal riskieren."

So ging es denn mit halber Kraft
Backbord — Steuerbord — Backbord
über eine Stunde; auch Schiffstrümmer
waren zu sehen, so dass man auf einen
verunglückten oder gesprengten Dampfer schliessen konnte.

Wir mussten nun allmählich wieder
in den Bereich der englischen Bewachungsfahrzeuge gekommen sein;
der Ausguck wurde verdoppelt, alles
stand auf den Tauchstationen. Ab und
zu sahen wir Fahrzeuge, deren Aufmerksamkeit wir uns durch Tauchen
oder Kursänderung entzogen. Einem
Kriegsfahrzeug, augenscheinlich einem
kleinen englischen Kreuzer, nahmen
wir durch Schnelltauchen die Möglichkeit, uns auch nur zu sehen; als wir
dann nach einstündiger Unterwasser-
fahrt wieder an die Oberfläche wollten,
sahen wir aus elf Meter Tiefe mit dem

FEIER AM RATHAUS, BREMEN
25. AUGUST 1916
Die Menge zählte viele Tausende. Die Offiziere und Mannschaft
dankt für die Hochrufe

PORTRAITS DER OFFIZIERE UND MANNSCHAFT DER
"DEUTSCHLAND"

Bei der Ankunft in der Wesermündung
am 23. August 1916 genommen

Sehrohr wieder ein englisches Schiff, gingen wieder auf zwanzig Meter, und dies wiederholte sich noch dreimal.

Mittags endlich tauchten wir für gut auf, bliesen die Tanks aus und fuhren nun mit "Äusserster Kraft" über Wasser.

Von gutem Wetter begünstigt, näherten wir uns ziemlich rasch unserem Ziele, da sahen wir am xten August abends acht Uhr rings am ganzen Horizont einen Kranz weisser Lichter.

Natürlich stieg in uns die Befürchtung auf, dass wir umstellt waren; drehten wir nach Steuerbord, so sahen wir die verwünschten Lichter, drehten wir nach Backbord, dann war es nicht anders.

Schliesslich waren es unsere guten Zeissgläser, die die Besorgnis von unseren Herzen nahmen, im letzten Augen-

blick, die Heimat schon vor Augen, in
eine Falle geraten zu sein. Die Dämmerung, war eben noch hell genug, um
uns an der Bauart der unheimlichen
Schiffe erkennen zu lassen, dass wir
harmlose holländische Heringslogger
vor uns hatten.

XIV

DIE ANKUNFT IN DER HEIMAT

Günstige achterliche Brise trieb mit uns der Heimat zu. Am xten August morgens um sechs Uhr kam noch einmal Alarm. In weiter Ferne war etwas aufgetaucht, das wie ein Bootssegel aussah, allerdings von merkwürdiger Form. Beim Näherkommen stellte sich das Segel dann als der Turm eines U-Bootes heraus, das mit eben überspültem Deck seines Weges zog.

Obgleich wir zunächst dazu geneigt waren, angesichts des eigentümlichen Bildes, das sich uns da in der Ferne bot, beschauliche und lehrreiche Betrachtungen darüber anzustellen, wie man selber auf etwa drei Seemeilen sich ausnimmt, so war in unserem Falle doch die Überlegung naheliegender, sich möglichst rasch darüber klar zu werden, ob wir nun ein englisches oder deutsches U-Boot vor uns hatten.

Wir zogen aber vor, auf alle Fälle einmal möglichst wenig von uns sehen zu lassen und im letzten Moment dann hinunter zu flitzen.

Schon hatten wir bis Tank 3 alles geflutet, schon schlugen die Seen über das Deck und klatschten gegen den Turm, schon schnitt auch dieser halb in die grüne Flut — da stieg drüben ein uns bekanntes Flaggensignal empor, das uns die Gewissheit gab, dass wir ein deutsches U-Boot vor uns hatten.

Sofort kam unsere Antwort.

Und gleich hinterher das Kommando:

"Ausblasen mit Gebläse!"

Mit so freudigem Herzen hatte ich

noch kein Kommando auf der "Deutschland" gegeben, und freudiger ist es wohl auch noch nicht ausgeführt worden, nachdem ich in die Zentrale hinuntergerufen hatte: "Hurra, das erste deutsche U-Boot in Sicht!"

Dass wir auf dem Turm und dem noch kaum aufgetauchten Deck in Öl und Seewasser standen, dass die Spritzer über uns hinweggingen, was tats: .... Dort über die grüne Nordsee kam Deutschlands, des grossen Vaterlandes, erster Gruss herangebraust. Mit "Äusserste Kraft" ging es voraus, alle Mann standen an Deck, und in kurzer Zeit lagen beide Boote in Rufweite voneinander.

Das erste schmetternde Hurra drang zu uns herüber, das ebenso kräftig erwidert wurde.

Dann wurden Grüsse und Nachrichten ausgetauscht, und unsere Pfade trennten sich wieder: Wir heimwärts, U-x an die Arbeit.

Der Tag ging zu Ende, und noch einmal wurde es Nacht.

So fuhren wir dahin, kein Licht an Deck, kein Licht im Turm, wie ein dunkler Schatten.

Als aber am folgenden Morgen die Sonne heraufkam, da sahen·wir vor uns in der Ferne eine charakteristische Silhouette, mit rötlichem Schimmer die Nebelschleier durchbrechend. Eine Insel, ein Bollwerk in der Nordsee, Helgoland lag vor uns.

Bald fing es an, auf dem Wasser um uns lebendig zu werden; Torpedoboote schossen heran, Vorpostendampfer qualmten herzu, Flaggensignale flogen in die Höhe, Funksprüche knatterten, ein Winken und Grüssen hob an, und

dann schloss sich um unsere kleine
"Deutschland" der eiserne Ring der
deutschen Flotte, die da draussen sicher
Wacht hält; in ihrem Schutze steuerten
wir nun an Helgoland vorüber dem Heimathafen zu.

Aber während wir uns schon den bekannten Gewässern näherten, da wurde
uns, bevor die niedrige heimatliche
Sandküste vor uns auftauchte noch ein
Schauspiel von überwältigender Gross-
artigkeit zuteil, eine eigenartige Begrüssung ausgeführt mit hinreissendem
Schneid.

Wir sahen, wie sich von Land aus
zwei grosse Vögel erhoben, zwei Flug-
zeuge, die in rasendem Flug näher
kamen und wie zwei riesige Wasser-
vögel auf die leicht bewegte See nie-
dergingen. Sie schossen, mit den
Schwimmern eben über die Flut stäu-

bend, bis auf Steinwurfweite an unsere
"Deutschland" heran, machten eine
blitzschnelle Wendung, knatterten an
uns vorüber, kamen wieder und spran-
gen buchstäblich über uns hinweg,
knapp über unserem Turm dahinbrausend, mit Hurrarufen und Mützen-
schwenken . . .

Das war unser Empfang durch die
jüngste Waffe der deutschen Marine.

Man soll keine Vergleiche machen.

Aber wie wir uns wieder der deutschen Küste näherten und uns umgeben
wussten vom Schutz der deutschen Marine, da drängte sich mir ganz von selbst
der Vergleich mit unserer Ankunft in
Amerika auf.

Man kann sicherlich nicht herzlicher
und mit mehr Begeisterung empfangen
werden, wie wir von den Amerikanern.
Ein freies, sorgloses Volk freute sich

an einer kühnen Tat und gab seine Sympathie kund für ein Unternehmen, das neu und unerhört war und Männer erforderte.

Hier aber waren wir mehr als kühne und erfolgreiche Abenteurer, hier nahm uns unser eigenes Volk wieder auf als friedliche Mitstreiter in seinem grossen Kampfe, hier wurde uns die beglückende Vorstellung seiner Macht unter der See, auf der See und in den Lüften.

Das war es, was für mich jene prachtvolle Begrüssung durch die Flieger bedeutete, was ich fühlte, als uns der sichere Schutz der Vorpostenboote bis zur Aussenweser geleitete, wo wir vor dem Hohenwegleuchtturm Anker warfen, nach langer Zeit wieder das erstemal im deutschen Grund.

XV

DER EMPFANG VON "U-DEUTSCH-LAND" DURCH DAS DEUTSCHE VOLK

Auf der Höhe von Helgoland bis zur Aussenweser hatte uns die Marine empfangen, auf der Fahrt die Weser aufwärts und in Bremen empfing uns ein ganzes Volk.

Am Nachmittag des 23. August war die "Deutschland" vor der Wesermündung vor Anker gegangen. Der Telegraph hatte die Nachricht bald durch das ganze deutsche Land getragen, diese ersehnte Nachricht, die einen Jubel erweckte ohne Grenzen.

Überrascht und mit beglücktem Stolz wurden wir gewahr, dass die Ankunft der "Deutschland" zu einem Festtag wurde für das ganze deutsche Volk, das unserem kleinen Boot an den Ufern der Weser einen Empfang bereitete, wie er wohl noch nie einem "glückhaften Schiff" zuteil wurde. Unsere Fahrt die Weser aufwärts gestaltete sich zu einem Triumphzug ohnegleichen; hinter den Hunderttausenden, die gekommen waren und uns an den Ufern des Flusses zujubelten, standen unsichtbar die Millionen des deutschen Volkes, die dasselbe Gefühl beseelte.

Das ist uns überall in überströmender Freude und Herzlichkeit zum Ausdruck gebracht worden, von alt und jung, von hoch und niedrig, vom Deutschen Kaiser bis zum einfachsten Hafenarbeiter und bis zum kleinsten Hosenmatz, der in Bremen vor Begeisterung brüllend seine Fahne schwenkte.

Von all den Äusserungen freudigsten Herzensüberschwanges, mit denen man uns überschüttete, will ich hier nur eine mitteilen, ein Gedicht, das mir ein einfacher Seemann am Tage nach unserer Ankunft schickte.

"U-DEUTSCHLAND"

Das war ein Jubel von Ohr zu Ohr,
Ein deutsches U-Boot in Baltimore,
Ein deutsches U-Boot gefahrumstellt,
Trägt deutsche Waren von Welt zu Welt!
Und wie auch der Brite die Tat verdreht
Und wie sie alle geflucht und geschmäht;
Stolz flatterte dennoch die Flagge empor
Am deutschen U-Boot in Baltimore!

"Good day, Kaptän, woher die Fahrt?"
"Wir kommen von Bremen, sind deutsche Art!"
"Von Deutschland? Well, das nenn' ich kühn,
Ja, liess euch der Brite denn ruhig ziehn?"
"Was kehrt uns Franzen- und Britenlug?
Wir fahren, wo Wasser um unseren Bug,
Wir fahren, wo Wasser um unser Deck
Und wissen von keinem Britenschreck!

Die Fahrt der Deutschland

Doch ist es dir recht, so machen wir,
Freund Yankee, jetzt ein Geschäft mit dir.
Wir bringen so manches, was Uncle Sam
Schon lange nicht mehr in sein Land bekam.''
''Well, das ist gut, ich sage yes;
Denn business bleibt business!''

Da hub sich geschäftiges Leben am Kai,
Gewichtige Kräne rollten herbei,
Die schrien und kreischten und summten dumpf,
Die tauchten hinein in des Schiffes Rumpf
Und hoben die Werte, die deutsche Hand,
Über — und unter das Meer gesandt.
Das war ein Lärmen, das war ein Klang
In Bunker und Zelle, in Last und Tank,
Und draussen das Volk von Amerika,
Staunend das deutsche Wunder sah!—

Leer die Bunker und leer die Last,
Wieder hebt sich lärmende Hast,
Doch der Kran, der nun in das Boot sich taucht,
Trägt fremde Waren, die Deutschland braucht!—

So schafften die Deutschen in Baltimore—
Franzosen, Russen und Briten im Chor

Die Fahrt der Deutschland

Schwuren mit einem grässlichen Schwur
Niemals lenkt heimwärts das Boot die Spur,
"Wo wir es treffen im Meeresrund,
Muss es mit Mann und Maus auf den Grund!"
Sie haben den Hafen mit Schiffen umsäumt,
Sie haben von köstlichem Fange geträumt,
Sie haben geharrt und haben gewacht,
Sie haben gelauert bei Tag und Nacht
Und hatten nur eins, nur eins im Sinn,
Die "Deutschland" darf nicht nach Deutsch-
    land hin!

Es ging die Zeit, und es kam der Tag,
Da klar zur Reise "U-Deutschland" lag.
Und wie die Hebel auf "Fahrt" gestellt,
Da lauschte mit stockendem Atem die Welt!
All unsre Feinde in West and Ost,
Sie harrten nur einer, nur einer Post:
"Das Boot, das uns so sehr gekränkt,
Liegt auf dem Meeresgrund versenkt!"

Doch die "Deutschland" fuhr und all ihr
    Geschrei,
All ihre Schwüre verflogen wie Spreu.
Die "Deutschland" fuhr, und keine Gewalt
Bot ihrem ruhmreichen Wege halt!

Die Fahrt der Deutschland

Wohl ging noch oftmals die Sonne auf,
Es richten sich Tage zum Wochenlauf.
Frug mancher sorgend im deutschen Land:
Wann endlich kehrt sie zum Heimatstrand?

Und nun kam der Tag, und nun fliegt das Wort
Durch hundert Millionen Kehlen fort,
Das Wort, das nimmer verklingt und verjährt:
" 'U-Deutschland,' 'U-Deutschland' ist heimge-
    kehrt!"

HANS DOWIDAT,
Oberheizer auf S. M. S. "Posen."
Wohnschiff "Ägir."

Am 25. August frühmorgens trat
dann die "Deutschland" ihren Triumphzug weseraufwärts an. Es regnete in Strömen, aber nichts konnte die
allgemeine Jubelstimmung stören, während wir, von Sperrdampfern begleitet,
Masten und Turm mit Rosensträussen
geschmückt, einherzogen. Gegen acht
Uhr morgens sind wir auf der Reede
von Bremerhaven.

Die Fahrt der Deutschland

Tief hängen die dunklen Wolken am Himmel und lassen es niederklatschen auf die Tausende, die am Deiche stehen oder auf Dampfern, Prähmen, Barkassen und Booten uns entgegengefahren sind. Brausende Hurras erschallen von der Stadt her, und in den Jubelruf mischt sich der Klang der Glocken, alles aber übertönend der Gesang des Liedes "Deutschland, Deutschland über alles", das gerade an diesem Tage seinen fünfundsiebzigsten Geburtstag feiert.

Mit dem Weserlotsen an Bord geht es weiter. In Nordenham, Brake, Blumental grüssen Flaggen, krachen Donnerschläge, senden Fabrik- und Dampfpfeifen ihren dröhnenden Gruss; von den Lloyddampfern schallen uns Willkommrufe und Glückwünsche entgegen, die wir dankend und winkend erwidern.

© L. I. Z.

INNERE ANSICHT DER "DEUTSCHLAND".
Der Zentral-Leitungs- oder Navigations-Raum

DIE "DEUTSCHLAND" AUF DER WERFT

Photographie am Tage vor dem Stapellauf genommen

Die Fahrt der Deutschland

Vegesack wird passiert, wo die Arbeit auf der "Vulkan-Werft" ruht und die Arbeiter zu Hunderten am Kai stehen. Ihre brausenden Hurras begleiten die "Deutschland", deren Fahrt von nun an immer mehr den Charakter eines Triumphzuges annimmt. Vegesacks Bevölkerung ist am Landungssteg und dahinter am Ufer versammelt. Wieder Musik und Gesang, Kanonenschlag und Jubelsturm; immer dichter werden die Reihen, je mehr das Schiff sich seinem Heimathafen nähert.

Kurz vor zwölf Uhr haben wir Lankenau erreicht, dessen Deich sich "ganz Bremen", wie es scheint, als Aussichtspunkt erkoren hat. Kopf an Kopf stehen die Menschen, mit Hüten, Schirmen, Tüchern winkend. Es ist ein ganz unbeschreiblicher Anblick, diese unübersehbare Menge, diese tausende, wie ein schwarzes Gewoge, über das es in unaufhörlicher Bewegung flimmert von geschwungenen Schirmen, weissen Tüchern, Händen ...

Genau um die Mittagsstunde fährt die "Deutschland" in den Freihafen ein und legt an der festlich geschmückten Pier an.

Hier hatten sich der Grossherzog von Oldenburg, Vertreter des Senats und der Bürgerschaft, der Militär- und Zivilbehörden, der Reedereien und u. a. auch Graf Zeppelin versammelt, um uns zu empfangen. Sobald das Schiff festlag, liess ich die Mannschaft an Deck antreten und Herr Alfred Lohmann, der Gründer und die Seele der Deutschen Ozean-Reederei-Gesellschaft begrüsste uns mit folgenden Worten:

Euere Königliche Hoheit; Euere

Die Fahrt der Deutschland

Magnifizenz; Euere Exzellenzen; Meine
sehr geehrten Herren! In diesem ge-
schichtlichen Augenblicke der glücklichen Rückkehr des ersten Handels-
tauchschiffes der Welt, nach Durch-
messung von 8500 Seemeilen begrüsse
ich nicht allein im Namen unserer Reederei, sondern des gesamten deutschen
Volkes unsere "Deuschland" und ihre
wackere Besatzung im heimatlichen
Hafen! Still und nur den Eingeweih-
ten bekannt, verliessen sie die Weser,
um durch und unter der englischen
Flotte mit einer wertvollen Ladung
Farben Baltimore am 10. Juli zu erreichen. Überraschend für die gesamte
Welt war ihre Ankunft; selbst Schiff-
fahrtssachverständige hatten noch
kurze Zeit vor ihrem Erscheinen das
Unternehmen für aussichtslos erklärt.
Mit besonderer Freude stelle ich fest,

dass alle wahrhaften Amerikaner, die nicht angekränkelt sind von knechtischem Mammondienst zu England, Männer mit der freiheitlichen Gesinnung eines Washington und Franklin, mit warmer Genugtuung die Ankunft der "Deutschland" in Amerika begrüssten. Es ist ein Stolz unserer Reederei, dass wir unter deutscher Flagge mitten im Kriege den Vereinigten Staaten Farben sandten, während Amerika selbst nicht einmal unbehelligt seine Post von Europa bekommen kann, zu schweigen von den vielen anderen Völker- und Seerechtsbrüchen unserer Feinde gegenüber den Neutralen und besonders den kleinen Völkern. Dies vollbracht zu haben, ist das Werk der Besatzung der "Deutschland"! Fuhren sie ohne vorherige Ansage hinaus, so wurde ihre Abfahrt von Baltimore offen vorausge-

Die Fahrt der Deutschland

sagt. "Sie glich einem Triumphzuge" schrieb Havas, "und einem Symbol der Freiheit"; wie wir Deutschen uns das "Recht der Völker auf dem freien Ozean" denken, möchte ich die Tat vergleichen. Nicht hindern konnten die Feinde ihre Ausfahrt aus der Chesapeake-Bai, und eine gesperrte Nordsee gab es bei ihrer Rückkehr für sie nicht, wie die vielen Millionen Mark Werte beweisen, die heute von der "Deutschland" aus Amerika hereingebracht wurden, und in diesem Augenblicke vor uns liegen.

Sie haben eine seemännische Leistung vollbracht, die würdig ist unserer hanseatischen Vorfahren! Überall in deutschen Landen und bei unseren treuen Verbündeten, besonders aber bei unseren Brüdern draussen im Schützengraben und der Flotte ist ihre Rückfahrt

mit lebhafter Teilnahme verfolgt worden. Mit felsenfestem Vertrauen auf
Ihre Umsicht, Tatkraft und Pflicht-
treue haben wir in der Reederei ihrer
Rückkehr entgegengesehen. Herzlich
heisse ich Sie nach den angestrengten
Wochen im engen Schiffsraum, angesichts rücksichtsloser Feinde im
Vaterlande wieder willkommen.
Einen Dank unseres deutschen Volkes spreche ich Ihnen für diese
friedliche Tat mitten im mör-
derischen Kriege aus. Und diesem
Danke bitte ich Ausdruck zu geben, indem wir rufen:

Die "Deutschland", ihr Kommandant Kapitän König, die Offiziere und
die Mannschaft hurra! hurra! hurra!

Ich antwortete mit einem kurzen
Hoch auf den Senat und die Bürger-

schaft der freien Hansastadt Bremen, in das meine Besatzung lebhaft einstimmte. Patriotische Weisen tönten uns von dem in der Nähe liegenden Lloyddampfer "Frankfurt" entgegen als wir an Land gingen, um einer nach dem andern den Ehrengästen vorgestellt zu werden. Der Empfang war einfach und würdig und daher umso erhebender.

Nach einer Überwindung von achttausendvierhundertundfünfzig Seemeilen, von denen nur etwa einhundertneunzig Meilen unter Wasser zurückgelegt werden mussten, hatte das erste Handels-Unterseeboot seinen Heimathafen wieder erreicht; "U-Deutschlands" erste Amerikafahrt war zu Ende.

. . . .

Am Abend dieses denkwürdigen Tages fand im Rathhaus ein Festessen

statt, das der Senat der Stadt Bremen
zur Feier der Heimkehr von "U-
Deutschland" veranstaltete. Die bei
diesem Anlass gehaltenen Reden schil-
dern in kurzen Umrissen die Umstände,
die zum Bau unserer "Deutschland"
führten; sie sollen deshalb hier noch
wiedergegeben werden.

Herr Bürgermeister Dr. Barkhausen
hatte die Gäste mit herzlichen Worten
willkommen geheissen, hatte Mitteilung
gemacht von einem Beschluss des
Senats, dass zum Andenken an diesen
Tag eine eigene Medaille geprägt werden solle, und liess dann die Deutsche
Ozean-Reederei und die Besatzung des
Handels - Unterseeschiffes "Deutschland" hochleben.

Im Namen der Reederei erwiderte
nun ihr erster Vorsitzender, Herr Dr.
A. Lohmann, mit folgenden Worten:

Die Fahrt der Deutschland

Euere Magnifizenz! Euere Erzellenzen! Meine sehr geehrten Herren! Im Namen des Kommandanten der "Deutschland," Herrn Kapitän König, und seiner Offiziere und Mannschaften spreche ich dem Hohen Senat den auch von der Reederei tiefempfundenen Dank aus für die hohe Ehrung, die der Senat der Besatzung der "Deutschland" gewährte durch die Verleihung einer zu prägenden Medaille für dieses friedliche Werk des Handels mitten im Kriege.

Für die anerkennenden Worte der Tätigkeit meiner Mitarbeiter und meiner eigenen Tätigkeit spreche ich Eurer Magnifizenz unseren tiefgefühlten Dank aus. Ich habe gern und sehr freudig seit Kriegsbeginn meine Tätigkeit dem Wohle des Staates gewidmet. Die Überzeugung, dass unser herrliches Volk trotz der Übermacht seiner Feinde im Verteidigungskampfe für seine Selbstbestimmung und Freiheit nicht niederzuringen ist, dass die geistige Kraft und Zuversicht, welche unser gesamtes Volk beseelt, dass die gründliche Erziehung seit den Freiheitskriegen und die selbstverständliche Pflichterfüllung, die einem jeden Deutschen in Fleisch und Blut übergegangen ist, nicht zu besiegen ist, hat mich bei allen meinen Werken geleitet, und überall habe ich treue Mitarbeiter gefunden, welche ebonso dachten.

Darum möchte ich an dieser Stelle auch allen Mitarbeitern meinen aufrichtigen Dank aussprechen. Ganz besonders möchte ich hier Herrn Direktor Stapelfeldts gedenken und meiner Kollegen im Aufsichtsrat, Herrn Generaldirektor Heineken und Herrn Kommerzienrat Herrmann. Die Deutsche Ozean-Reederei wurde, wie Eure Magnifizenz bereits ausführten, in aller Stille gegründet, und ihre Aufgabe musste darin liegen, ausschliesslich hochwertige Waren zu befördern. Es galt, die Rohstoffe drüben in aller Stille einzukaufen und sicher einzulagern, die "Deutschland" an sicherer Stelle anzulegen und vor allen Angriffen zu schützen. Dieses haben in hervorragender Weise die Agenten des Norddeutschen Lloyd, Herr Paul Hilken und sein Vater, Herr Hilken sen., sowie Kapitän Hinsch und die ihm beigegebenen Herren ausgeführt. Der Anteil, den Herr Kapitän König, seine Offiziere und Mannschaften an dem Werk haben, ist von Eurer Magnifizenz bereits hervorgehoben worden. Ich meinerseits möchte seitens der Reederei nur nochmals hier unsern Mitarbeitern auf der "Deutschland" unsern aufrichtigen Dank aussprechen.

Es wird, meine Herren, interessieren, einiges über die Entstehungsgeschichte der Deutschen Ozean-Reederei und der "Deutschland," der "Bremen" und ihrer noch ungenannten Schwesterschiffe zu hören. Als im September 1915 es klar wurde, dass trotz aller Erfolge der Mittelmächte der Krieg noch viele Monate dauern würde, war es augenscheinlich, dass die Versorgung Deutschlands mit Gummi und Metallen brennend würde. Ich zog daher die Akt.-Ges. "Weser" in Bremen ins Vertrauen, nachdem ich mit einem hervorragenden Sachverständigen im Schiffsbau Rücksprache genommen hatte. Die "Weser" erklärte sich bereit, den Plan eines Unterseebootes von zirka fünfhundert Tonnen Tragfähigkeit durchzuzeichnen und zu entwerfen. Am 3. Oktober kam ich in den Besitz der fertigen Pläne dieses Bootes. Die Bauzeit war leider mit elf Monaten bemessen, also Lieferung etwa 1. September 1916, da die Werft selbst erst die Motoren bauen lassen musste. Es war augenscheinlich, dass wir bestrebt sein mussten, anderweitig, wenn möglich, schneller zum Ziele zu kommen. Fast gleichzeitig mit den hiesigen Erwägungen über die praktische Ausführbarkeit eines Handels-Unterseebootes hatte ohne unser Wissen die Germaniawerft, Kiel, ihrem Stammhause, der Friedr. Krupp A.-G., Pläne für den Bau eines zirka siebenhundert Tonnen Tragfähigkeit messenden U-Bootes Anfang Oktober übermittelt.

Die Germaniawerft wollte in der kurzen Bauzeit von sechs Monaten das erste Boot, die "Deutschland," bereits im April liefern. Beiden Plänen, sowohl dem der Germaniawerft als dem meinigen, lag die überzeugende Kraft inne, dass die Sache durchführbar sei, und ich möchte dieses Zusammentreffen mit einer glücklichen Ehe vergleichen, wo die gleichen Gedanken Mann und Frau beseelen. Die Werft als Mutter, welche das Kind zur Welt brachte, überliess es dem Vater, der Reederei und dem Handel, das Kind in die Welt zu führen. Die Seele und der Geist des Kindes werden verkörpert durch unsere Kapitäne, unsere Offiziere und Besatzung, welche die Prachtleistung des Hinüberbringens der "Deutschland" nach Amerika und zurück vollführt haben.

Am 15. Oktober wurden wir einig,

und der Bau von zwei Booten wurde
der Germaniawerft seitens des Grün-
dungssyndikats übertragen. Der for-
melle Teil der Gründung der Deutschen
Ozean-Reederei G. m. b. H. verzögerte
sich etwas. Die Errichtung erfolgte am
8. November, und die von unserm Syn-
dikat inzwischen bestellten Boote standen dann bereits in Spanten. Die
"Deutschland" wurde uns Anfang
April geliefert.

Es ist ein glänzendes Meisterstück der
Germaniawerft und, wie wir es gewohnt
sind bei allen Werken der Friedr.
Krupp A.-G., perfekt in seiner Ausführung. Ehe wir unsere "Deutschland"
nach Amerika sandten, haben wir zwei
Monate lang Probefahrten mit ihr vorgenommen. Tadellos in jeder Beziehung ist die Ausführung gelungen.
Kapitän König konnte von Amerika

melden, dass nach einer Fahrt von über
viertausend Seemeilen an Schiff und
Maschine alles vorzüglich in Ordnung
sei; ebenso lautet sein Bericht bei Ankunft heute in Bremen-Freihafen. Es
ist ein Meisterwerk deutscher Technik,
und der Name der Firma Friedr.
Krupp A. G. tritt wiederum leuchtend
in Erscheinung.

Die Schaffung von Geschützen, von
den Zweiundvierzigern bis zu den kleinsten Modellen, von Schiffsgeschützen,
die begannen, erfolgreich am Skager-
rak die Fessel des freien Verkehrs aller
Nationen, die Flotte Englands zu spren-
gen, die Lieferung von Panzern und
sonstigem Kriegsmaterial verdankt das
deutsche Volk in dieser vorzüglichen
Ausführung den genialen Leitern und
Führern des grössten Werkes der Welt,
und ohne Krupp ständen unsere Feinde

[240]

nach zwei Jahren nicht überall ausserhalb des heimatlichen Bodens!

Die zielbewusste Zusammenarbeit von Geist und Kraft, die Ausnutzung aller neuen wissenschaftlichen Erfindungen und dazu die treue deutsche Pflichterfüllung, das ist es, was die Krupp A.-G. gross machte. Heute bei der Rückkehr der "Deutschland" stehen wir einer neuen Glanzleistung der Firma Krupp in schiffsbautechnischer Beziehung gegenüber, und auch hier zollt das deutsche Volk der Firma seinen Dank. Diesem Dank möchte ich, meine Herren, bitten, Ausdruck zu geben, indem Sie mit mir einstimmen in ein dreifaches hurra.

Die Firma Friedr. Krupp A.-G., Germaniawerft, hurra! hurra! hurra!

Nach dem folgenden Gang hielt Herr

Die Fahrt der Deutschland

Direktor Zetzmann von der Germaniawerft in Kiel nachstehende Rede:

Eure Magnifizenz! Eure Erzellenzen!
Sehr geehrte Herren! Es gereicht mir
zur Ehre, im Namen der Firma Friedr.
Krupp und der Germaniawerft für die
Einladung zu dem heutigen Feste des
Senats unseren herzlichsten Dank auszusprechen, und ich nehme mir die
grosse Freiheit und lasse es mir zur besonderen Ehre gereichen, auch im Namen der übrigen Gäste eines Hohen Senats den herzlichsten Dank auszusprechen.

Sodann möchte ich mich einer zweiten angenehmen Dankespflicht entledi-
gen, und zwar gegen meinen Vorredner,
Herrn Dr. Alfred Lohmann, den Vorsit-
zenden der Deutschen Ozean-Reederei.
Herr Lohmann hat seine Rede ausklin-

gen lassen in ein Hoch auf die Germaniawerft, in das Sie, hochgeehrte
Herren, freudigst eingestimmt haben.
Hierfür möchte ich im Namen der Germaniawerft und aller ihrer Beamten
und Arbeiter unseren wärmsten Dank
aussprechen.

Herr Lohmann hat in seiner Rede in-
teressante Mitteilungen aus der Entstehungsgeschichte der Deutschen Ozean-Reederei gemacht, und ich möchte
mir erlauben, einige Mitteilungen aus
der Werkstatt zu machen, aus der die
Schiffe "Deutschland" und "Bremen"
hervorgegangen sind. Wir hatten uns
schon lange gesagt, dass bei längerer
Dauer des Krieges die Nachfrage nach
gewissen Baustoffen immer dringender
werden müsse. Aus den gesprächsweise
gemachten Äusserungen "man könnte
doch" und "man müsste eigentlich"

wurde der Entschluss, der Konstruktion eines Frachbootes näherzutreten.

Der Entschluss wurde uns nicht leicht, nicht etwa, weil wir die Schwierigkeit der Konstruktion fürchteten, sondern weil wir es kaum wagten, unsere Konstruktionsbureaus, die durch die Kriegsaufträge bis zur Bruchgrenze angespannt waren, weiter zu belasten. Aber Not lehrt beten und auch konstruieren. Zunächst versuchten wir in Anlehnung an die Baumasse der Kriegsboote, zu arbeiten, in der Hoffnung, auf diese Weise die Konstruktionsarbeit zu vermindern. Wir fanden dabei aber, dass auf diesem Wege brauchbare Tragfähigkeit und angemessene Räume nicht zu erzielen waren. Unsere leitenden Konstrukteure schlugen mir daher vor, radikal vorzugehen und nicht aus einem

Kreuzer ein Frachtschiff zu entwickeln,
sondern einen geborenen Frachtschiff-
typ zu schaffen, und nun wurden die
Formen rundlich und voll, und genaue
Rechnungen ergaben zu unserer angenehmen Überraschung bessere Tragfähigkeit, als im ersten Anschlag ange-
nommen war.

Mit Feuereifer vervollständigten nun
unsere Konstrukteure den Entwurf, und
bald standen wir vor einem Bilde, dessen
Übersetzung in die Wirklichkeit unser
sehnlichstes Verlangen wurde. Aber
wie sollte dies in die Wege geleitet werden? Sollten wir unserem Stammhause
in Essen eine offizielle Vorlage machen?
Konnten wir uns dabei nicht einen grossen Korb holen? Da fügte es sich, dass
ein Direktionsmitglied unserer Werft
am 4. Oktober 1915 in anderen Angele-
genheiten bei unserem Stammhause in

Essen zu tun hatte. Dieser Herr übernahm es, so nebenbei auch einmal das Ergebnis unserer Sonderstudien der letzten Wochen vorzulegen und sozusagen einmal ins Haus zu horchen.

Die Wirkung war für uns überraschend günstig. Wie eine Bombe hatte unser Entwurf eingeschlagen. Herr Krupp v. Bohlen und das Direktorium griffen unseren Vorschlag mit grösster Energie auf, und nachdem wir dann in nochmaliger Verhandlung und an Hand ausführlicheren Materials die Ausführbarkeit überzeugend nachgewiesen hatten, erklärte Herr Krupp v. Bohlen, dass ein derartiges Boot unbedingt und in kürzester Zeit entstehen müsse und dass die Germaniawerft sofort mit dem Bau eines Bootes unter eigener Verantwortung beginnen solle; so ganz eilig, wie es unser Stammhaus hatte, konnten wir doch nicht anfangen, galt es doch, noch allerhand Vorbereitungen zu treffen und Verhandlungen zu führen. Bei solcher Gelegenheit trafen wir Mitte Oktober 1915 zum ersten Male mit Herrn Alfred Lohmann zusammen.

Nun ging alles Schlag auf Schlag. Die Reederei, die entschlossen war, eine U-Boots-Flotte zu bauen, hatte ihre Bauwerft und die Bauwerft ihre Reederei gefunden. Die Ehe, wie Herr Lohmann in seiner Rede bildlich sagte, kam zwischen Reederei und Bauwerft so schnell zustande, wie es eben nur bei einer Kriegstrauung möglich ist. Alles andere wissen Sie, meine hochgeehrten Herren, aus den Ausführungen meines Herrn Vorredners.

Mir bleibt nur noch eins zu sagen übrig. Wenn es gelungen ist, das erste Boot in so kurzer Zeit fertigzustellen, so verdanken wir es im hohen Grade unserer Stammfirma und allen Unterlieferanten, die uns alle Baustoffe und Hilfseinrichtungen trotz starker sonstiger Inanspruchnahme in erstaunlich kurzen Zeiten geliefert haben. Ganz besonders drängt es mich aber, mit herzlichem Danke auszusprechen, dass der Verkehr mit der Deutschen Ozean-Reederei und später mit dem Kommando des Schiffes sich in der angenehmsten Weise vollzogen hat. Mit grossem Vertrauen sind Reederei und Kommando auf alle unsere Vorschläge sofort eingegangen.

Diesem verständnisvollen und grosszügigen Vorgehen ist es mit zu verdanken, dass die kurze Bauzeit innegehalten werden konnte, und dass die Probefahrten so glatt verlaufen sind. Mit grösstem Vertrauen haben wir daher das Schiff seine erste Reise antreten sehen.

Unser Vertrauen ist in glänzendster Weise gerechtfertigt worden. Unsere heissen Wünsche mit denen wir das Erzeugnis unserer Werft begleiteten, sind voll in Erfüllung gegangen.

Wünschen wir der Reederei weiter solch schöne Erfolge der "Deutschland" und ihren Schwesterschiffen weiter glückhafte Fahrten, zum Wohle unseres geliebten Vaterlandes, zum Ruhme der ehrwürdigen Hansestadt Bremen.

Die heutige Feier wird allen, die sie mitmachen durften, eine Erinnerung fürs Leben bleiben, und die Feier wurde in schönster Weise beschlossen durch das Fest, das uns der Hohe Senat im neuen Rathause bereitet hat. Wenn erst dieser neue Teil des Rathauses so ehrwürdig geworden ist wie der alte, so

wird man sich vielleicht erzählen, dass
hier die glückliche Ozeanfahrt des ersten Untersee-Handelschiffes der Welt
gefeiert worden ist.

Unseren Dank für das herrliche Fest
und unsere guten Wünsche für Bremen
möchte ich zusammenfassen, und ich
bitte die hochgeehrten Herren, einzu-
stimmen in den Ruf: Der Hohe Senat
der freien Hansestadt Bremen und
der Staat Bremen leben hoch! hoch!
hoch!

Ohne dass die Veranstaltung einer
öffentlichen Feier auf dem Marktplatze
bekannt gegeben war, strömten abends,
ihrem Gefühle folgend, Tausende, An-
gehörige aller Stände, zusammen, und
als dann die Militärkapelle des Regi-
ments Bremen auf der Börsentreppe
ihre Vorträge begann, kam eine Feier

zustande, wie sie nicht schöner sein
konnte. Immer wieder kam das vater-
ländische Hochgefühl zum Durchbruch
und gab sich in Liedern, die aus der
Menge heraus hier und dort angestimmt
und dann gemeinschaftlich gesungen
wurden, kund. Immer wieder drangen
zu uns die Rufe: Lohmann, Zeppelin,
König, sodass wir gezwungen waren,
den Rufen der Menge Folge zu leisten und mit der Besatzung auf
den Söller des alten Rathauses zu
erscheinen. Ein Sturm von Hurras
umgab uns, und als ich ein Hurra
auf den Kaiser ausbrachte stimmte
die Menge auf das Lebhafteste ein.
Zu aller Freude ergriff Graf Zeppelin wiederholt das Wort und gab
jugendfrisch, weithin verständlich, in
kurzen, markigen Sätzen folgenden Gedanken Ausdruck:

"Deutschland, Deutschland über alles! Ein Hoch auf Bremen und seine Söhne! Was soll ich sagen? Wenn man eine solche Stimmung im deutschen Volke sieht, darf man niemals verzweifeln, wir werden siegen. Hurra." Unendlichen Jubel lösten diese Worte aus, ebenso diejenigen, welche ich voll Vertrauen hinzufügte: Wir sind durchgekommen, wir kommen immer durch! Wir haben die Engländer mit unseren U-Booten zu besiegen und durchzuhalten!

Dem einmütigen Wunsche der Menge Rechnung tragend, trat schliesslich Herr Dr. Lohmann an die Brüstung des Söllers und gedachte mit einem kurzen, kernigen Wort der Verdienste des Grafen Zeppelin und meiner selbst. Im Anschluss daran spielte die Kapelle das Niederländische Dankgebet. "Wir treten mit Beten vor Gott den Gerechten," das allgemein mitgesungen wurde. Inzwischen war die Dunkelheit eingetreten und längst beleuchteten die elektrischen Bogenlampen den Marktplatz mit dem Alten Rathause, das mit dem von innen herausstrahlenden Lichterglanz einen wundervollen Anblick gewährte. Niemand dachte an ein Ende dieser grossartigen Feier. Wieder und wieder wurde gesungen. Da nahm der Präsident des Senats, Bürgermeister Dr. Barkhausen, das Wort und sprach:

"Wir haben uns hier versammelt, um das Gelübde zu erneuern, dass wir den Geist, der die Fahrt der 'Deutschland' begleitet hat, bewahren wollen, als den eigentlichen deutschen Geist, durch den wir auch siegen werden! So lassen Sie uns die wundervolle Feier schliessen, indem wir rufen: Deutschland, Deutschland über alles! Hoch lebe Kaiser und Reich!"

Wieder laut jubelnde Zustimmung! Aber der freundlichen Aufforderung, nun Schluss zu machen, kam niemand nach. Die Menge hielt stand!

Noch einmal sah ich mich gezwungen, zu ihr zu sprechen. Ich tat es kurz und bündig und rief hinab, so wie es mir ums Herz war: "Gute Nacht! Ich bin furchtbar müde!" Und so endete dieser in der vaterländischen und vaterstädtischen Geschichte denkwürdige Tag.